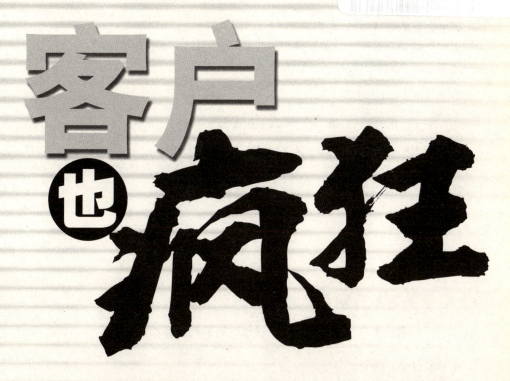

客户也疯狂

培育"粉丝"客户的服务与营销技巧

鲁百年◎著

北京大学 出版社

PEKING UNIVERSITY PRESS

图书在版编目（CIP）数据

客户也疯狂：培育"粉丝"客户的服务与营销技巧/鲁百年著.
—北京：北京大学出版社，2007.6

ISBN 978-7-301-12128-3

Ⅰ. 客…　Ⅱ. 鲁…　Ⅲ. 企业管理:销售管理 – 案例　Ⅳ. F274

中国版本图书馆 CIP 数据核字（2007）第 065347 号

书　　　名：客户也疯狂：培育"粉丝"客户的服务与营销技巧

著作责任者：鲁百年　著
责 任 编 辑：王　芹
标 准 书 号：ISBN 978-7-301-12128-3/F・1609
出 版 发 行：北京大学出版社
地　　　址：北京市海淀区中关村成府路 205 号　100871
网　　　址：http://www.pup.cn
电　　　话：邮购部 62752015　　发行部 62750672
　　　　　　编辑部 82893506　　出版部 62754962
电 子 邮 箱：tbcbooks@vip.163.com
印　刷　者：北京富生印刷厂
经　销　者：新华书店
　　　　　　787 毫米×1092 毫米　16 开本　14 印张　180 千字
　　　　　　2008 年 1 月第 1 版第 2 次印刷
定　　　价：32.00 元

① 第一章 客户服务在企业价值链中的地位

② 第二章 提高客户满意度的四大要素

第八章 以客户为中心的服务技巧

鲁百年博士邀请我为他的新作《客户也疯狂》写一篇序,打电话过来时我正在国外,作为多普达通讯有限公司总裁兼首席执行官,每天都特别忙。但是当我一口气读完鲁博士的新作时,非常兴奋,还是欣然接受了为鲁博士作序的邀请。

我之所以欣赏这本书,是因为鲁博士的著作有一个最大的特征:通俗、易懂、好看,有很多有趣的故事和实战经验介绍。虽然看起来是日常生活中每个人每天都可能经历的小事,但是却蕴含着深刻的有关服务和营销的学问。例如餐桌上的一束鲜花,大家都到饭店吃过饭,又有多少人注意到这个神奇的、让客户开心的、又非常人性化的管理工具呢?像"5分钟销售理论"、"真正的销售是在销售之后"、"小恩小惠买人心"、"变投诉为表扬"等,让人读了就感到服务和销售机会每时每刻都存在于我们周围,只要我们用心、细心、以客户为中心。

《客户也疯狂》是鲁百年博士关于营销和管理方面的第三本大作。作者积十多年的服务、营销实战经验及培训经验,提炼出了一套系统的服务与营销理论、方法和技巧,旨在通过这些技巧提高客户的满意度和忠诚度。本书通过两个方面讲述了如何培养"粉丝"客户的销售和服务技巧:一是企业如何进行有效的市场策划,使客户也疯狂;二是通过帮助销售服务人员树立正确的服务态度和服务意识,掌握以客户为中心的服务与营销技能,本着把客户当做朋友而非上帝、处处为客户着想的心态,以使客户真正满意,让客户变成回头客,并且自愿推荐更多的客户,甚至使客户疯狂,成为产品的"粉丝"。

在市场竞争日趋激烈的时代,服务已经成为决定现代企业成败的关键要素,因此,现在非常需要一本讲述服务与营销实战技巧的"红宝书"。我相信,鲁博士的这本大作一定能够成为销售服务人员做好服务销售的指导书,教会他们如何做好服务与营销、如何成为受客户欢迎的销售人员、如何将客户培养成产品的"粉丝"、如何寻找潜在客户、如何尽快获得客户的信任、如何处理客户的投诉、变客户投诉为表扬、从投诉中获得更多的销售机会,等等。同时,这也是一本企业老总做好销售服务管理必看的一本好书,从中可以学到很多关于如何设计客户服务组织架构、如何定义和划分各部门的职责职能、如何管理整个公司的客户服务流程费用等有用的知识。

多普达通讯有限公司总裁兼首席执行官　李绍唐

　　一只可爱的猴子来到一片玉米地里,看到有好多又大又香的玉米非常开心,心想这回多掰几个,就不会饿肚子了,不禁高兴得手舞足蹈起来。它兴奋地跑进地里开始掰玉米,左手掰一个,右手抓一个。它看着一大片金黄的玉米地,再看看手里的玉米,空不出手来了,怎么办呢?对了,把玉米夹在胳膊下,这不就行了? 好主意! 于是,小猴子把左手的玉米夹在了右手的胳膊下,它空出左手,再掰了一个玉米,猴子为这个主意开心极了。它再把右手的玉米夹在了左胳膊下,又空出一只手来了,再掰了一个玉米,呵呵,又多掰了一个。就这样,小猴子轮流用两只手掰玉米,夹在另一只胳膊之下,从玉米地的这一头掰到了玉米地的那一头。当掰到玉米地的尽头的时候,小猴子突然发现,自己手里只有两个玉米,它百思不得其解,明明掰了很多玉米啊,怎么自己手里只有两个玉米呢?

　　你可能像我一样,在小时候就听过这个故事。那个时候你可能会取笑这只小猴子,但是当你踏进营销领域,开始负责销售、市场,或者成为企业的管理者的时候,会不会觉得这样的事情每天都在上演呢? 公司为了争取一个又一个客户不遗余力,制定产品上市计划、渠道发展战略、价格策略、促销和广告计划,恐怕比那只小猴子还要辛苦百倍。可是,客户最终去了哪里呢? 是不是也会像玉米一样被小猴子夹在胳膊下又被丢掉了呢？

你的答案肯定是：不，我绝不会像小猴子那样，我已经建立了客户服务部千方百计去保留客户了，绝不会让任何一个客户流失。你的答案对吗？很遗憾，错了。

是不是每个客户都要保留呢？市场细分理论告诉我们是不需要的，我们要优先满足目标客户的需求，其他客户可以流失；如果一定要强行保留不该保留的客户，那么你将不得不花费大量的时间、精力和市场费用，最终反而可能保留不住你真正的客户。因此，客户流失并不可怕，甚至是必然的，你必须去管理流失，让该流失的流失。

即使最优秀的公司也在不断流失应该保留的客户，为什么呢？因为客户本身就是喜新厌旧的，一个女孩子今天喝了可口可乐，明天又见到了印有她的偶像周杰伦的新包装的百事可乐，她会不会从此就喝百事可乐呢？客户的需求日新月异，你真的能及时把握住客户不断变化的需求，把他们留下来吗？

留住客户就够了吗？留住老客户，并让他们持续不断地贡献利润，就是我们服务的目标，对吗？对了一半，客户购买我们的产品只是客户关系中的初级阶段，客户关系的最高境界是让客户成为我们的同盟者，他们不仅自己购买，还推荐给同事、父母和孩子，成为公司的义务宣传员。

如何做到这一点呢？我推荐你看《客户也疯狂》这本书，当客户为你疯狂的时候，你就达到客户管理和客户服务的最高境界了。

营销专家、《输赢》作者　付遥

客户也疯狂 | 培育"粉丝"客户的服务与营销技巧

第一章
客户服务在企业价值链中的地位

服务也是一种产品，但不是传统意义上的产品，它没有具体的形象或形态，没有固定的生产工艺和生产流程，甚至没有时间和空间的概念，但它却是极具重要价值的，它是一种由许多不同素质的个人执行的、人与人之间施与受的、即时发生并且即时见效的行为。相比传统意义上的产品而言，提供优质服务是一项更富有挑战性的工作。

一、客户服务在企业价值链中的地位

（一）企业赢利的核心所在——营销模式

对于任何一家企业而言，其经营目标无非是赢利，实现企业价值最大化或股东财富最大化。那么，如何才能提高企业的赢利能力和经营效益呢？主要有以下三大方面：

第一，开发新客户，或将竞争对手的优质客户"挖"或"抢"过来变为自己的客户，从而增加客户数量，提高市场占有率；

第二，交叉销售和提升销售，充分利用现有客户资源，向老客户介绍推荐公司最新推出的产品或其他该客户还未使用过的产品和服务，或者推荐老客户使用新一代的同类产品，实现产品及时升级，进一步挖掘现有客户的潜在消费能力，降低新客户开发成本，追求客户价值最大化；

第三，延长客户的购买力生命周期，设法留住客户、减少客户的流失，让客户变成终身客户，永远支持我们的产品。要和那些有价值的客户维系好关系，将会给企业带来非常可观的效益。

无论是上述哪一方面，都离不开客户关系的维护和管理，而客户关系的维护和管理主要就是指管理以下四个方面：客户的满意度、客户购买的过程、客户的购买成本、客户的状态。其目的就在于通过了解并满足客户的需求，尽可能使客户满意，一步步将其从潜在客户变成新客户，再到回头客、长期客户，最后成为优质客户、终身客户、忠实的支持者和拥护者。

那么，如何才能使需求各异的客户都满意呢？取决于采用了什么样的营销模式。在客户关系管理中我们强调的是一对一营销模式，即对不同的客户因人而异、因地制宜地采取更具有针对性的营销方法和营销策略，在确保合情、合理、合法的前提下，尽可能使客户满意、最大化客户价值，甚至使其自愿扮演"业余推销员或代言人"，主动向其身边的亲朋好友推销产品，从而收获更令人信服的好口碑和更高的经济效益，实现企业的经营目标。

（二）保证企业赢利的关键要素——客户满意

使客户满意是客户管理的最根本要求，只有让客户高兴了、满意了，客户才会不离不弃地信任你、支持你。

无论是开发新客户，还是留住老客户；无论是延长客户购买力生命周期，还是实现客户价值最大化，关键都取决于客户的满意度和忠诚度。客户满意了，才能成为回头客，才愿意重复购买我们的产品和服务；客户满意了，才愿意购买我们的新产品，才能将其从竞争对手的手里"挖"过来成为我们的客户；客户满意了，才能成为我们忠诚的拥护者，给我们介绍更多的客户。所以要提高企业的效益，就必须让客户满意。

（三）提升客户满意度的根本要素——企业价值

除了营销模式，使客户满意的另一个根本要素是企业价值，主要体现在四个方面：优质的产品、卓越的服务、知名的品牌和客户的信任。

1. 企业的产品和服务

产品可分为有形产品和无形产品。有形产品，通常是指某种具有具体形象或形态的实物，具有固定的生产工艺和生产流程，比如电视机、洗衣机、房屋等。无形产品，一般就是指服务，它往往是一种时间和空间未必固定但却极具价值的行为，是由许多不同素质的个人直接执行的、人与人之间施与受的、即时发生并且即时见效的行为。

企业的有形产品，我们这里直接称它为产品，是客户满意的基础。它应该具有相对的独特性，和其他同类产品在功能、外观、易用性等方面相比存在一定的优势或差异，产品的质量直接影响客户的满意度，产品的价格也是提高客户满意度的一个手段，特别是当性价比优于其他竞争对手时。企业的无形产品，我们这里统称为服务（因为很多企业就是服务型企业，其所提供的产品就是服务，营销模式也是服务型营销），也是客户关注的重点，比如服务的质量如何，是否便捷、能否按时供货等。特别地，服务本身还分为售前服务（包括产品的人性化设计、市场活动、市场营销战役等）、售中服务（销售人员对客户的跟踪、机会的管理、销售活动、谈判、客户异议的处理、合同签订等）和售后服务（产品的交付、安装、培训、维护、咨询、客户关怀等）。

总而言之，和客户接触的方方面面都会间接或直接地影响客户的满意度，比如，产品的质量、销售人员的态度、市场活动的行为、电话咨询的效果、产品交付的时间、销售的渠道、合作伙伴、售后服务的响应速度等。如何通过卓越的客户服务使得客户满意呢？这是本书的重点。

2. 企业的品牌形象

品牌形象是企业的无价之宝，直接影响客户的选择偏好、购买决策和满意度。通常情况下，人们都会有一种先入为主的心理，认为知名品牌的产品一定比其他不知名品牌的产品质量更优越，服务更周到，或者知名品牌更显气派。因此每当人们面对林林总总的商品时，知名品牌总是优先考虑的对象，这也就是所谓的品牌效应。

》》 惊人的品牌效应

我们每个人几乎每天都会接触乳制品，但是各位能数出超过7种乳制品品牌吗？不容易，即便是群策群力也未必能数出10种。在对一个市场没有充分了解的情况下，大家是如何选择产品的呢？取决于产品的曝光率，比如蒙牛、伊利或者光明，这进一步取决于品牌的建设和维护。一个没有自己的品牌形象的很少有人知道的产品，最终是会被淘汰的，因此建立和提升企业的品牌形象是非常必要的。比如，"捷安特"能够以一般自行车价格的5倍到40倍定价，并长期占据很大一部分市场，就是品牌效应的体现。当然，品牌形象有时候也会带来约束效应。比如，"一汽夏利"一度占据大半个北京出租车市场，品牌的知名度可谓相当之高，但是当同系列新款车如"夏利2000"、"金夏利"推出时，该车的定位虽已不是出租车，而是大众私家车，但是人们都不太愿意买一辆打着出租车旗号的车家用，所以该品牌不仅没有推动市场的发展，反而给推广带来了一定的困难。然而，"大众"的"桑塔纳2000"也曾占据过大片上海的出租车市场，但当他们推出新款私家车时，并没有借用原来的品牌，而是重新推出一个新品牌"帕萨特"，结果推广效果非常好。因此，我们不仅要建立良好的品牌形象，还要妥善地维护它、科学地使用它。

3. 企业与客户的相互信任关系

企业和客户的接触涉及很多方面，包括企业的产品、咨询热线、电子邮件、书信来往、短信交流、传真沟通、市场活动、销售人员、销售渠道、技术支持人员、售后服务人员等。客户的满意度直接受与企业接触的情况影响，由双方的态度和沟通交流情况决定。事实上，确保和客户沟通接触的过程愉快、将客户当朋友看待、快速建立起客户的信任、便利的服务，更胜于价格策略。只有和客户成为朋友，相互信任，相互支持，才能保证客户的满意度，从而发展客户的忠诚度，将老客户留住，实现客户价值的最大化。

（四）实现企业价值的基础——学习与创新

不断学习创新是实现企业价值的基础要求，下面从四个方面进行分析：

第一，提高产品的质量，增强产品人性化的设计，取决于企业负责设计和生产的员工的学习和创新能力；

第二，提升企业的服务水平，保证客户满意，取决于企业的销售人员和服务人员的学习和创新能力；

第三，树立企业的品牌和形象，保证企业的基业长青，取决于企业的市场人员和企业战略规划人员的学习和创新能力；

第四，和客户建立长期的合作关系，使客户成为朋友而非上帝，取决于和客户接触的过程中相关的方方面面的企业人员的学习和创新能力。

综上所述，企业员工的工作态度、学习和创新能力直接影响企业的价值——产品质量、服务水准、品牌形象以及与客户之间的关系。企业的价值又直接决定客户的满意度，客户的满意度又影响客户的消费水平，进而影响企业的盈利能力。我们可以从图 1 – 1 中看出，以使客户满意为目标的客户服务在整个企业价值链中的地位是举足轻重的[①]。

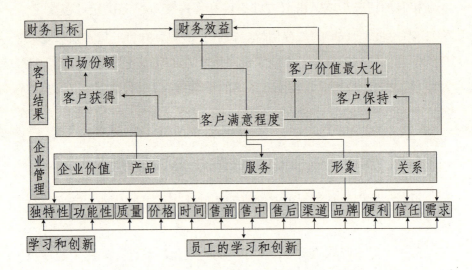

图 1-1　客户服务在企业价值链中的地位

二、从"以产品为中心"到"以客户为中心"

随着市场经济的飞速发展、竞争的愈演愈烈，除产品质量、价格信息之外，售前、售中及售后服务已越来越受到商家和客户的关注和重视，这是历史发展的必然。

迄今，市场营销已经经历了五个不同的发展阶段：生产导向、产品导向、销售导向、营销导向和需求导向（也有人将其分成三个阶段：卖方驱动、市场驱动和买方驱动）。下面我们来探讨五个不同阶

---

① 关于企业的赢利能力、财务指标的衡量标准和执行能力，请参看北京大学出版社出版的《全面企业绩效管理》一书，其中有较为全面的论述。

段的特征。

（一）生产导向

上个世纪六七十年代，正值计划经济的鼎盛时期，市场需求空前繁荣，产品供不应求，买粮需要粮票，买布需要布票，买肉需要肉票，买糖需要糖票，甚至有时不得不"走后门"或者"求"卖家才能买上自己想买的东西；那时的企业只关注产品的产量，客户关怀自然是被忽略了的，考核企业优劣的主要标准也就是企业的生产量，市场完全是一个以生产为导向的卖方市场。如今在一些新产品刚刚上市时，由于专利权限或技术限制等因素，还没有更多的企业能够进行生产或者还没有更多企业来得及关注，企业也可能会短暂停留在生产导向阶段。

（二）产品导向

在以生产为导向的经营模式下，市场上产品数量在不断增加，消费者在购买商品时有了更多的选择机会，而随着社会经济的发展和人民生活水平的逐步改善和提高，消费者也越来越多地开始注意同类产品在质量上的差异，并对有所创新的产品表现出极大的兴趣，有时人们宁愿多花一点钱去购买质量较好的创新型产品。另外，对生产厂商而言，敏锐的市场意识会告诉他们什么产品的需求量大，什么产品的需求量小，通常只要政策允许，很多企业便会全力以赴，投入到该产品的生产上，这时就是所谓的产品导向市场。但是在以产品为导向的市场上，虽然产品的数量在短时间内有所增加，但由于很多企业生产的是新产品，技术还不够完善、人才问题也不能很快得到解决，所以这就给产品质量埋下了很大的隐患。

20世纪80年代，随着市场经济的发展，市场竞争日益激烈，人们开始越来越多地关注产品的质量问题，也正因为如此，企业开始大唱"质量第一"的口号，同时业界也出现了像"ISO9000"、"全面质量管理（TQM）"等质量认证体系。进入21世纪，企业都有了一个共同的理念：以质量求生存。众所周知，日本的"远东"之所以能够成功地渗透美国市场，其主要原因之一就是其产品质量优于美国的同类产品，同时营销方面也是打着"质量第一"的大旗，因此所向披靡。

》 质量第一

全球最著名的管理学大师之一，在美国乃至整个西方世界有"商界教皇"之称的汤姆·彼得斯，在其著作《乱中求胜》中举了这样一个实例：手册即将发给顾客，而且已经过了最后期限。5000份手册已经打印完毕并已全部装入信封，信封上也已经写好地址而且已经密封完毕，只等着打包送往邮局。而就在这时你却发现，手册第二页"附属细则"中有一个错别字。你是应该把它们邮寄出去还是采取其他行动呢？很简单，行动——把它们扔掉！

（三）销售导向

随着生产工业化和机械化的蓬勃发展，劳动生产率迅速提高，大量产品涌向市场，甚至出现了供大于求的局面，买卖双方的地位也因此发生了翻天覆地的变化，市场状态由原来的卖方市场转变成了买方市场。到20世纪80年代末，市场开始以销售为导向，企业也开始越来越多地关注产品的易用性、外观和包装，以及如何讨客户欢心、卖好产品。很多企业开始着手改进原有的销售模式，生产者的工作重点则是运用一切可用之手段刺激消费者购买自己的产品，使得公司积压的大量产品能尽快销售出去。他们不仅费了很大的力气成立了专门的销售部门，还不惜让批发商、零售商们分享利润，尽其最大之能事利用各种推销和促销手段，如广告、打折、赠送礼品、上门游说等，来实现最大销售量。而至于产品是否真正符合消费者的需求，消费者购买后是否会觉得后悔或上当，则从不予太多考虑。

（四）营销导向

到了 20 世纪 90 年代，市场需求得到了进一步满足，市场上产品质量较为接近，外观也旗鼓相当，这时企业要想获胜就得着手品牌形象的建设，而这主要就取决于企业的营销。随着卖方市场逐渐过渡到买方市场，企业不得不变换角色，采取以营销为导向的经营方式，积极主动地向市场推销产品。在产品推广过程中，企业往往会发现很多参与游戏的角色会影响产品的销售业绩，包括客户、中间商、竞争对手、供货商、企业自身，以及提供支持服务的机构如会计事务所、银行、律师事务所、相关政府部门等。其中，最具影响力者为客户、竞争对手和企业自身。所以，在这一时期企业多在营销方面狠下工夫，比如在产品的定位、市场宣传、营销模式上花费不少精力和资金。

（五）需求导向

到了 20 世纪 90 年代末，客户对产品的质量和服务需求越来越高，他们开始比较不同商家提供的服务，企业也开始关注客户满意度。这时，DELL 电脑首先顺应时势地采用了一种新的营销模式——一对一营销，企业最终过渡到了以需求为导向，以客户为中心，通过实现客户价值而实现企业价值的经营方式。

如图 1-2 所示，在以产品为中心的经营模式下，企业所有的生产经营活动都围绕产品的生产与再生产展开，企业所有的职能部门也都为此而建立，他们被动地满足客户的需求，实行的是一种被动的营销模式。大多数情况下，他们都是等客户上门来购买产品，因此那时客户称为顾客，也就是光顾的客人。而在以客户为中心的经营模式下，企业立足于长远发展的需要，把满足客户的需求作为企业一切活动的中心，通过与客户的互动以及对客户市场的细分，提供差异化的产品和服务，以满足不同客户的需求。

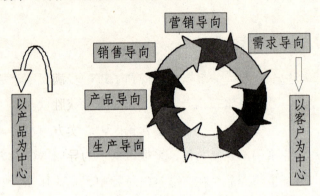

图1-2　从"以产品为中心"到"以客户为中心"

在买粮要粮票、买布要布票、买糖要糖票的时候，有没有客户关怀？没有。为什么？根本不需要。因为产品供不应求，企业大多以生产为导向，面对日益增长的物质需求，顾客只关心能不能买足自己需要的产品，厂商也只关注产品的产量。在这种情况下，客户满意度、客户关系管理等自然是被忽略了的。随后随着经济的发展，企业之间的竞争越来越激烈，企业要想把产品销售出去，在市场上占有一席之地，就必须要让客户满意，所以越来越多的企业开始重视客户满意度、客户关系管理，研究客户关系管理，提倡以客户为中心的一对一营销模式。由此，企业的经营模式经历了从"以产品为中心"到"以客户为中心"的转变。

>> "以客户为中心"的电话银行

早在15年前，英国人要想把银行里的活期存款转成定期存款，只需打一通电话就能办妥。可是在我国，直到近几年才可以通过电话银行办理此类业务。以前，我们要办理这样的业务必须亲自去银行柜台办理，先填一张取款单，再填一张存款单，非常麻烦。这样直接导致：一，客户不满意，因为要耽误很多时间；二，增加了银行的成本，因为要花很多时间为客户处理这样那样的小事情。而这种营销模式就是我们所说的以产品为中心的模式。中国多数银行都有不止一套系统，活期存款有一套系统，定期存款也有一套系统，理财账户又是一套系统，各个系统都有自己的数据库，只知道自己的客户是谁，而不知道这些客户在银行还使用了其他哪些产品或服务。在以客户为中心的模式下就不同了，银行给每个客户都设定了一个唯一的代码，通过该代码任何银行职员都可以很清楚地查到该客户使用了哪些服务、哪些产品，应该收取什么样的费用，客户的资信状况如何，等等。这样既方便了客户，同时又能实现成本转嫁，降低银行的成本和风险。比如客户可以通过电话银行或者手机银行即时管理自己的账户，原本柜台人员的服务成本就成功转嫁给了客户，与此同时客户还觉得方便且满意，这些优点都是"以产品为中心"无法实现的。

三、不是产品，胜似产品的服务

销售是一种服务，服务也是一种销售，而且可能是一种更加重要的销售，尤其是在消费者日臻成熟和理性的今天。销售过程之内和之外的所有行为，都直接或间接地影响着销售的效果。只有低能的企业，才会把"卖出产品就算完事"作为商业准则。

客户服务是企业和客户最关心的问题之一。客户购买产品时，首先关心的是产品的质量和功能，但是在最后决策时，更关注的还是价钱和服务。令人满意的服务是人们选择产品时的一个必要条件，所以，任何一家目光长远的公司，都会及时更新和提升自己的服务理念，将服务当成一种产品进行设计，并成立专门的客户服务中心。产品是客户购买和拥有的一个实体，服务却直接影响客户使用过程的顺利与否、客户的满意度、产品的口碑、企业的形象等，而产品的口碑、企业的品牌形象又将直接影响其他消费者的购买决策，而且也会影响客户购买力的生命周期和重复购买率。由此可见，客户服务虽不是产品，但是胜于产品！它是产品的附加值，是区别于其他产品的重要标志之一，所以企业一定要重视。

四、销售、市场、服务一体化

销售、市场、服务一体化是客户管理的必然要求，三者不能截然分开，也不能想当然地认为只要每个部门都做好了，整个企业的销售业绩就会得到提高。那么如何才能做到一体化呢？

（一）市场信息的收集与分析

首先要了解客户的背景信息和行为信息，包括已有的客户信息、潜在的客户信息，以及竞争对手的客户、大客户、好客户的信息等，然后根据具体的客户需求、市场需求分析制定相应的市场策略。

在市场需求分析方面，已经有很多知名的公司专门从事这方面的工作，比如国际知名的盖勒普公司，就是一家主要做市场研究与分析的公司，通过设计调查问卷了解和分析客户的需求。以移动通讯行业为例，客户需要什么样的通信产品？哪些产品的需求量更大？盖勒普公司会根据此类问题设计出一份调查问卷，根据统计与分析的情况给企业提供如何制定市场策略的建议。比如，如何推销新产品，开展什么样的推广活动，具体需要做哪些工作，等等。再比如国内的新华信公司，他们也是一家专门从事类似的市场调研和管理咨询工作的公司。此外，大家可能还听说过一家叫央视－索福瑞的公司，它是一家专门给电视频道做收视率分析的市场调研公司。

特别地，为了保证市场调研数据的准确性，很多市场调研公司在数据采集方面会花不少的费用。比如，我们在每一年的春节文艺晚会上经常会听到"根据央视－索福瑞的调研，到现在为止，全国有多少亿人在收看中央电视台的春节文艺晚会"，那么央视－索福瑞是如何获得收视率数据的呢？往各家打电话吗？不可能，这样会影响大家收看节目，那么他们是如何进行统计的呢？

》 春晚的收视率调查

首先，央视－索福瑞会在建立一个新的收视率调查固定样本组之前对该地区进行基础研究调查。使用较大的样本量对被调查区域内的各项人口统计学特征（如当地居民的性别比例、年龄分布、职业和收入情况等）以及可能对收视行为产生影响的因素（如收视设备的拥有情况、是否有线用户、电视频道覆盖率情况及被调查者的常用语言及生活习惯等）进行抽样调查。然后，使用电子仪器监测样户家中电视机的活动，结合样本的收视状态自动记录样本的收视情况。"测量仪"可以忠实记录观众收看电视节目的情况，同时通过电话线传输数据的方式也大大提高了收视率调查的实效性。在样本户家中安装的测量仪主要包括二个部分：电视机内的探测器和探头，电视机外的显示仪、手控器，以及与电话线相连的存储盒。探测器和探头能够准确检测电视机的工作状态（开、关机），在电视开机时能够自动跟踪电视频道的变化。电视频道的测定是通过探头获得的信号得出的，没有任何人为因素，频道变化的时间可以精确到秒，收视时间的测定精度极高。显示仪与电视内的探测器相连，在电视开机以后，通过样本户成员按手控器上的编号确定谁在看电视，并且直接在显示仪上显示出来，频道和收视人员变化的信息通过样本户家里的交流电网自动传输到存储盒里保存。每天凌晨，由总部的计算中心通过电话线将所有样本户前一天收看电视的数据取回，经过数据处理，便可计算出前一天的收视率。

走在北京的街头，我们时常碰到一些人拿着一叠传单，走到你跟前，递给你一支笔，说："对不起，先生，能不能请您帮忙做一个调研？很简单，几分钟就足够了。"有一次，我就问一位请我协助做调研的小姑娘："我为什么要给你们信息呢？"她反问道："您为什么不能给我们信息呢？"我说："即便我给了你们信息，你怎么能保证它就是真实的呢？"小姑娘听后说："那您为什么要给我们虚假信息呢？"我说："可是我凭什么要给你们真实信息呢？"因此，像此类准确性、可靠性均得不到保证的极简单的市场调研，其有效性是非常值得怀疑的，而且根本不能够很好地指导决策。而像央视－索福瑞、盖勒普这类专业调研公司，他们会投入很大一部分时间、精力和金钱以确保信息的准确性和可靠性。

那么，是不是任何一家企业在制定任何一项市场策略之前，都需要花费很大一笔投入做市场调研呢？我们在后面可以看到，优秀的企业是不需要的，他们能够直接利用从市场及销售过程中获得的信息进行分析。这些信息是直接储存在销售人员、市场人员和客户服务人员的大脑中的，是现成的，有了它们，不仅可以方便、轻松地进行市场分析，而且还能节省出很多不必要的重复劳动，为企业省下一大笔调研资金。

掌握客户的基本信息之后，通过 SWOT 分析法①，对市场需求、

---

① 注：其中 S 代表强项（Strengths），W 代表弱项（Weekness），O 代表机会（Opportunities），T 代表挑战或者威胁（Threats）。

产品服务现状进行分析，从而设定目标客户群。

（二）营销计划的制订和售中活动

制定完市场目标以及相关政策、规划后，下一步就是进行市场推广，即通过做广告、巡展等市场活动促使更多客户了解、购买产品。不管是否已经做过很多次市场活动，拍过很多各种形式的广告，都应该事先有规范的规划和计划，而且为了确保这些规范的规划和计划能够得到妥善的落实，还需要制定一套周到而严密的执行计划，必须具体到时间安排、部门和个人，比如某年某月某日，由某营业厅的某位大客户经理或客户代表负责某项推广活动。

推广的过程是一个吸引客户注意、收拢人心的过程，目的是让那些对我们的产品感兴趣的客户以各种形式主动和我们沟通，比如拨打咨询电话、面对面交谈、发短信息等。通过沟通，让客户对我们的产品有一个更深入的了解，包括产品性能、优劣势的分析等。如果沟通交流的结果令客户满意，并且销售人员、客户经理的专业水平高、服务到位，那么客户自然乐意购买我们的产品。

（三）客户服务

一旦客户购买了我们的产品，我们就要对他们进行跟踪服务，同时还可以采取交叉销售的办法，将其他产品一起打包卖给他们，使他们觉得占了大便宜，实现双赢。通常，客户与企业接触的方式有很多种，包括咨询、服务或者投诉，比如通过800服务热线、互联网等。

当客户投诉或咨询反馈到客户服务中心时，客服人员首先应了解客户的需求或问题所在，以便更好地解决问题，提供令其满意的服务。至于该把投诉分派到哪一部门解决，由谁负责解决，需要哪些步骤，如何处理，客户对处理结果的满意程度怎么样，这些都属于客户服务过程管理的范畴。此外，我们还要对客户投诉的原因进行分析，比如，什么样的问题是客户投诉率最高的最敏感的问题？投诉的原因是什么？是产品质量上的问题，还是服务不到位造成的，是营销的方式、过程出了问题，还是因为整个推广过程中过分夸大了产品和服务的性能，导致客户的期望值过高而实际上达不到造成的？诸如此类的问题都是我们需要分析的。

总而言之，我们需要时刻对产品的使用情况进行监控、分析，并跟踪客户的消费情况，观察其是否有欺诈行为，忠诚度有多大，是否能给我们带来经济效益，等等。

（四）营销活动的评估

通常企业都认为到了客户服务这一步销售工作就算结束了，实际上还有一步是非常关键且不可缺少的，那就是市场活动的评估。主要包括这些问题：市场活动的成功失败率多高？给我们带来了哪些市场效益？哪些广告给我们带来的效益比较高？整个推广活动给我们带来的效益到底有多少？等等。营销活动评估可为下一步的市场推广建立基础。

如图 1-3 所示，我们可以看到，从开展市场活动入手，到正式实施销售活动，再到客户服务，都是以客户为中心的。所以我们一再强调，营销不仅仅是销售，而是一个市场、销售、服务一体化的过程。对于企业而言，首先要保证企业内所有的部门紧密配合，将规划从上到下有条理地分派到各个部门和个人并有力执行；同时，还要使渠道、合作伙伴、营业厅等尽快了解到相关信息。执行者只有清楚地了解上级领导和部门的意图，才可能很好地执行规划，从而使客户、营销人员、集团公司等都能从中获利。所以我们说，客户关系管理的关键在于是否实现了销售、市场、服务一体化，它是实现和客户双赢或多赢的保证。

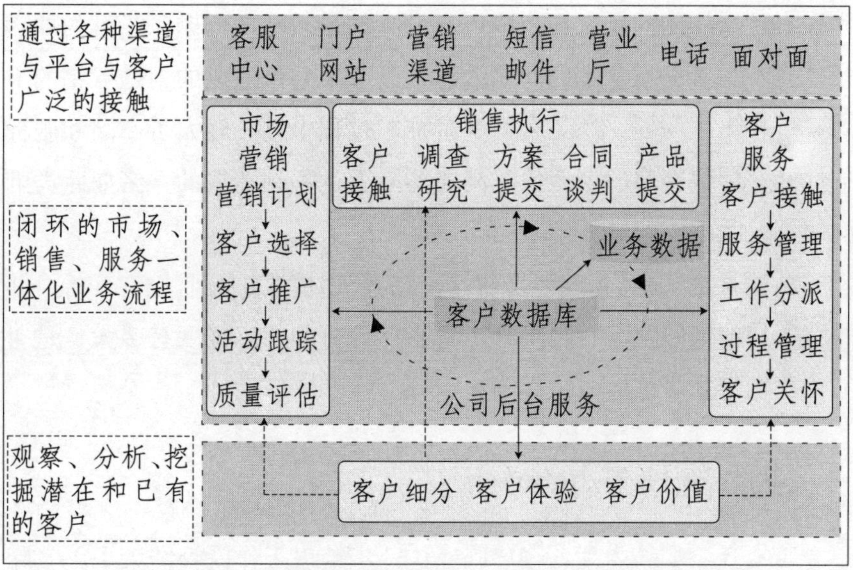

通过各种渠道与平台与客户广泛的接触	客服中心　门户网站　营销渠道　短信邮件　营业厅　电话　面对面

市场营销　　　　　　　销售执行　　　　　　　　　客户服务

营销计划　　客户　调查　方案　合同　产品　　客户接触
客户选择　　接触　研究　提交　谈判　提交
客户推广　　　　　　　　　　　　业务数据　　服务管理
活动跟踪　　　　客户数据库　　　　　　　工作分派
质量评估　　　　　　　　　　　　　　　　过程管理
　　　　　　　　公司后台服务　　　　　　客户关怀

客户细分　客户体验　客户价值

闭环的市场、销售、服务一体化业务流程

观察、分析、挖掘潜在和已有的客户

图 1 - 3　销售、市场、服务一体化的客户服务流程

客户也疯狂 ｜ 培育"粉丝"客户的
服务与营销技巧

第二章
提高客户满意度的四大要素

一、客户接触面影响客户满意度

和客户接触的方方面面都会直接影响客户的满意度，那么和客户的接触面有哪些方面呢？包括企业的产品、市场活动、咨询热线电话、销售人员、销售渠道、技术支持人员、售后服务人员、电子邮件、书信来往、短信交流、传真沟通等。

（一）根据客户需求、市场调研进行产品设计

客户的需求是产品研发的基础，只有这样，产品才能更人性化，更能满足客户的需求，最后实现双赢。简而言之，要让客户满意，首先要从产品设计开始。这里我们来看一个非常经典的故事。

≫ IBM 的转型与创新

1986 年，IBM 公司在快速成长的小型计算机市场的地位已危机四伏，竞争对手从四面八方向 IBM 袭来。然而 IBM 的高增长掩盖了市场的危机，其实当时的 IBM 的市场份额已急剧下降。这时 IBM 的罗彻斯特研究中心甚至还不知道怎样计算市场份额，虽然"银狐计划"做出了要设计新型计算机的决定，但是很长一段时间，他们的进展是非常缓慢的。到底制造什么样的机器成为他们的一大难题。后来他们邀请了一些平时对 IBM 不满意的客户和具有需求的客户到 IBM 的罗彻斯特研究中心做"顾问"，将他们变成"委员会"的一员。在邀请客户成为开发组的成员问题上，研究中心也面临着很大的挑战，诸如保密问题等。在解决了这些问题之后，研究中心的人发现很难与客户代表进行合作，主要是业务和技术语言的不同导致了沟通上的大问题。因为多年来 IBM

倾向于"以产品为导向",他们使用的是工程师的语言,而客户讲的是日常的商务语言,因此根本无法了解客户的真正需求。经过几天的讨论,他们终于有了共同语言,客户提出了他们的建议和新想法。有一位客户甚至提出了能否简化彼此生意上的手续,因为他很厌烦每个月给 IBM 开三张不同的支票:一张是机器的租金、一张是软件的费用,还有一张是服务和维护费用。像这样的会议后来坚持一个季度召开一次,IBM 共接待了来自 20 个行业,代表 4500 家客户的代表和合作伙伴,并与之进行了交流,结果在 IBM 的新产品 AS400 投入生产之前,客户已经下了大量的订单。参与设计的客户高兴地对其他客户讲:"你发现了吗?我的 90% 的建议都被采纳了,我觉得自己好像就是开发团队中的一员。"新产品发布会安排在 1988 年 6 月 21 日夏至——一年中最长的这一天,正像 IBM 期望的那样,它得到了所有的阳光,几天里,股票上涨了 10 个百分点,短短 60 天,仅在欧洲销售量就超过了 35000 台。从客户中来的建议和意见使得 AS400 的寿命长达 10 多年之久,改变了 IBM 的命运。(选自《银狐计划——IBM 的转型与创新》,华夏出版社,1999 年 9 月)

(二) 以客户为中心的市场策划与执行

任何一次市场活动,包括产品的发布、产品的巡展、广告的宣传、媒体的采访、形象的展现、大型活动的协办等,都会和很多潜在客户打交道,从而可能给公司带来销售的机会。可是,如何才能使每一次活动更有效、更人性化呢?这要依靠市场人员和销售人员的共同努力。首先,我们要策划一个吸引潜在客户眼球的主题,这个主题一定要以客户为中心,然后再进行定位,一定要让客户满意。

》 成功的"大学城中的生活城"

像华远房地产公司在清华大学南门附近开发的华清嘉园项目，其主题"大学城中的生活城"就仅仅抓住了客户的心理，突出强调"大学城"和"生活城"。尽管华清嘉园周边不乏清华、北大这样国内一流的高等学府，但是一流的中小学和幼儿园却为数甚少，因此华清嘉园想在内部建立一所一流的幼儿园，这样就充分体现了其"生活城"的优势，其结果必然是房子一直在热卖中。为什么他们会产生这样的策划理念呢？源于两个生活实例：一是每天下午几乎任何一所小学的学校门口，总会有许多家长不得不放下手头的一切等着接孩子放学；二是在 2003 年年初，不少客户反映，由于小区附近没有幼儿园，结果很多上班族经常迟到。于是，人们不禁设想：假如小区有完善的教育设施，有一流的幼儿园、中小学甚至大学，这种事情还会发生吗？显然，这恰恰表明了人们对社区教育设施的希望和要求。因此，产品的设计、活动的主题都应该紧紧围绕客户的需求展开，这样才能获得双赢。

市场活动不论在策划还是在实施过程中，一定要站在客户的角度考虑问题。无论举办大型或小型的市场活动，流程设计一定要人性化。从邀请客户开始，要抓住客户的心理，吸引住客户的注意力，让客户认为参加这次活动非常值得。比如，要邀请电信、金融等行业的高管参加某国际化但是知名度还不高的公司举办的活动时，可以同时邀请诸如德勤、普华永道、埃森哲等国际知名的咨询公司参加，这样可以增加活动的分量，抓住客户的心理。活动开始时，要安排专业接待人员负责登记、发放资料；中场休息时，要安排茶点、咖啡等；活动会场的灯光、投影、音响、话筒等的布置都要非常专业，并且要经过严格检查。特别是演讲者的内容和演讲水平要能够真正代表一个规

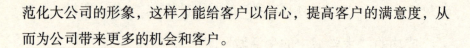

范化大公司的形象，这样才能给客户以信心，提高客户的满意度，从而为公司带来更多的机会和客户。

（三）热线电话咨询和服务

不管是我们的老客户还是潜在客户，当他们有任何需求或者碰到任何问题时，最便捷的求助或沟通办法就是拨打热线电话。因此，电话服务是做好客户服务的一个非常重要的方面。

》 热线电话该怎么接

几年前，我装修新房购买了三台空调，因为安装时已入深秋，因此空调一直闲置着，直到第二年才开始使用，可是从未真正投入使用的空调却不能正常工作，于是我立即打电话向售后部投诉。由于天气燥热，心情也很烦，憋了一肚子的火正打算发泄一通，可是电话接通后，还没等我说话，对方就说："您是鲁先生吗？您在去年十月份购买了我们三台空调是吧，有什么需要我为您服务的吗？"我一听，气一下子就消掉了一半。这样的服务很人性化，让人觉得舒服。接着，服务人员向我解释了遥控器在较长时间不使用时应该重新设置，很快，问题就迎刃而解了。第二天，服务人员又打电话来询问空调工作是否正常，是否还有什么问题需要帮助。这就是销售、服务一体化的体现。厂家之所以能做到这一点，是因为利用了电脑高科技将客户的资料信息在销售与服务部门之间实现了共享。当客户拨打热线电话时，如果所使用的电话号码与购买时客户留下的联系方式一致，那么电脑就会自动在客户信息中搜索，一旦匹配，马上弹出有关客户的一切资料供客服人员查用。

由此可见，热线电话服务的质量直接影响着客户的满意度，接线人员的每一句话都应该体现对客户的关怀和尊重，这样才能提升客户满意度，避免客户流失。

（四）销售人员的言行影响客户满意度

众所周知，销售人员的言行在某种程度上直接决定消费者的行为，在很多情况下，哪怕是销售人员不经意的一句话、一个眼神、一个动作，都可能导致客户产生某种反感，结果还没有等销售人员作更进一步的讲解，客户就转身离开了。所以，销售人员一定要通过客户行为的微小、细节的之处，尽可能迅速地了解客户的性格、消费行为特征和心理变化。

>> 一句话让"煮熟的鸭子飞了"

国庆长假期间，有一个朋友在某商场买鞋，看了很多品牌的鞋，最后终于看上了一双，价格 768 元。国庆期间该柜台采取的是满 200 减 80 的促销模式，按照规则，购买这双鞋可以减 3 个 80 元，也就是只需要支付 528 元。朋友问："按照这种模式，另外的 168 元就不能优惠了吗？"这时一个负责销售的大姐走过来讲："今天是节日，就按照 6.5 折计算吧！"这样实际的购买价格就应是 499.2 元，朋友很满意，正当他拿着交款单准备去交钱时，一旁的营业员又画蛇添足地补充了一句："我们经理人很好的，要是我，我还不乐意优惠呢！"结果听完这句话，朋友丢下交款单转身就走人了。看看，就是因为营业员这么一句无心之词让煮熟的鸭子飞了。

从上则案例我们可以看出，销售人员应该时刻留心自己的言行，多采用夸奖模式以让客户高兴。比如，营业员应该这样讲：您是我们今天的幸运客户，希望鞋子和价格都能让您满意。事实上，这样的

"小恩小惠"，在很多时候都能够起到不错的效果，关键就在于其抓住了客户的心理，让客户觉得占了很大便宜一样，非常合算。

（五）渠道影响客户满意度

实际上，客户的满意度不仅仅取决于产品质量及售后服务的好坏，还与我们的渠道管理息息相关。

》》 杜绝"踢皮球"现象

前段时间，一个朋友买了一部手机，可是没用几天座充就坏了。因怕耽误重要事宜，他赶紧送到某维修网点去修理，可是售后人员无奈地告诉他说："很抱歉，这是你自己损坏的，得由你自己掏钱更换。"没办法，既然说是自己的责任，那就再买个新的吧。可是售后人员又告知没货了，要买得去其他维修点的售后服务部。无奈，朋友只能赶到另一个维修点，可是工作人员不紧不慢找了半天才讲："对不起我们这里也没货了，要不你再等等让我再找找？"好不容易找到了一个，可新座充既没有包装盒也没有配套的插头，而且工作人员的服务态度非常不好。朋友非常不痛快，但还是买下了。可是没过两周，新座充又坏了。于是朋友给售后服务人员打电话，结果被告知自己弄坏的还得自己再买。朋友实在不想反复折腾，就说："这样吧，你们给我快递一个新座充，所有费用全部我自己掏了行不行？"答复是不行，没有这个业务。朋友非常愤怒，把他们的电话录音存到了电脑里，走到哪里宣传到哪里。后来，朋友直接打电话到公司总部投诉，结果答复是："很抱歉，我们公司的售后服务外包了，座充也不是自己生产的，所以实在是无能为力。"

对消费者来说，他们不关心哪个环节出了问题，更不关心理由是不是合情合理，只要影响了产品的正常使用，就决不容许。虽然充电器和售后服务已经由其他企业承包了，但是它们毕竟是企业面向外界的窗口型服务机构，影响着企业的品牌和形象。案例中的消费者以后不但不会再购买该企业的产品，而且负面宣传效应也会使企业受损。

由此可见，不仅仅产品的质量和售后服务会影响客户满意度，渠道对客户满意度和企业品牌形象的影响力也是不容忽视的。

（六）角色定位和客户管理

我们知道，企业营销是一个销售、市场、服务一体化的过程，因此客户管理自然也要涉及企业的销售部门、市场部门、服务部门以及各部门的相关人员。那么，这些与客户管理密切相连的部门或个人在整个客户关系管理过程中各自扮演着什么样的角色呢？

1. 一线经理或客户经理

客户管理是一个以客户为中心的过程管理，而一线经理或客户经理的日常工作就是与客户打交道，收集、管理客户的相关信息并反馈到数据系统中以供查用，并选择适当的时机开展一系列市场调研和营销推广活动。因此我们说一线经理或客户经理与客户关系管理是密切相关的，并且是客户关系管理里最前沿的，也是最有用的一个角色。

2. 数据分析人员

客户管理离不开数据分析人员，因为必须通过他们对客户的最基本的背景信息和行为信息进行分析，了解客户的需求。其中，背景信息是指姓名、性别、出生日期、职业，甚至包括薪水、家庭、学历、毕业学校等个人资料；行为信息，是指客户的消费信息，比如就电信行业而言，客户在哪些地方打了哪些电话，是否漫游，通话时间长短等，都是有关客户的行为信息。根据上述各种信息，数据分析人员选择恰当的分析工具（如最基本的"报表分析"）进行客户细分，归纳出客户的消费行为特征，从而为促销活动提供最基本的依据。

》 如何进行报表分析

　　一般情况下，数据分析人员使用的最基本的分析工具是报表。如何灵活地制作报表，进行 OLAP（在线分析处理）分析呢？比如就某公司的情况进行分析，假定发现公司的月营收不是非常理想，那么我们就可以从以下几个方面进行考虑：哪些地域不理想？哪个产品造成的？哪些销售行为导致的？市场活动带来了什么影响？等等。对此，数据分析人员将通过 OLAP 分析得到到底是什么原因导致产生了这样的结果，以及下一步该如何实施改进。比如，如果推销的产品不是客户所需要的产品，那么怎么办？怎样设计产品套餐更合理？如何定价？等等。这些都属于数据分析人员的工作范畴。

3. IT 部门

　　很多企业都拥有不止一套管理系统和数据库，市场部有自己的系统和客户资料库，客户部甚至不同营业厅也都有自己的一套系统和数据库，这些系统之间彼此独立、没有联系，那么如何将这些信息有效整合到一起，变成一个可供市场部、数据库部、客户服务部、营销部门、渠道、营业厅以及一线的客户经理等共同享用的较完整的数据库呢？这就得依靠 IT 部门了。IT 部门的第一重要任务就是将不同部门的信息整合起来，然后统一到一个面向各部门的信息平台上，让每一个与客户直接接触的人都可以及时调整、补充、完善客户的信息，特别是大客户的信息，以便据此进行客户细分和跟踪营销。当再次向客户推销产品时能够直接切入主题，有的放矢地说出客户的期望，让客户觉得备受关注和理解，如此提高市场定位的准确性和推销活动的成功率。

举个例子，北京移动向来以客户为中心，他们给每位客户设定了一个唯一的代码与其对应，如要查询某一客户的信息，只要输入相应的代码即可查知，比如性别、年龄、收入、职业、婚否、出生日期等。此外，还有一些重要的行为信息也可查知，比如客户的电话打到什么地方，打了多长时间？国际长途费占多少？漫游费占多少？短信息费又占多少？数据业务占多少？等等。如果不把所有信息都整合到一起的话，他们根本没办法了解客户具体都使用了哪些产品，更没办法进行客户细分，也就不能使市场推广和促销活动更有效。

由此可见，企业的 IT 部门扮演着一个不可或缺的至关重要的角色，即把客户的背景信息和行为信息整合在一起，形成一个唯一的统一的客户信息源（即所谓的以客户为中心），以便进行客户细分。

4. 领导人员

领导人员是一个起着承上启下的重要作用的个体，必须自己先把上级、公司最基本的一些想法、营销策略、战略目标等吃透，这样才能准确无误地传达给下级。特别要强调的是，首先领导自己要非常清楚，客户关系管理将会带来怎样的利益和利润；其次，要让一线的员工、一线的客户经理知道，客户关系管理能给他们带来什么，给整个公司带来什么。要使所有人对客户关系管理的认识达到高度一致，认为客户关系管理是至关重要的，没有它就根本没有办法在竞争日益激烈的市场占据主角的位置。同时还要对下面的员工进行培养和教育，让他们时时刻刻都要以客户为中心，要有主动服务和营销的思想和意识。此外，领导还需要考虑员工绩效考评的问题。

由此可见，客户经理收集信息，建立客户信息数据库；分析人员处理信息，指导市场实践；IT 人员整合所有有用信息，建立统一平台；领导人员负责教育、培训以及最后的绩效考评。在客户关系管理里面，各种各样不同的角色有各种各样不同的职能，但是只有相互协作、相互配合，才能把客户关系管理好。

二、产品质量是提高客户满意度的基础

一般情况下，产品质量总是客户考虑的第一要素，但是由于客户不一定是专家，当他们接触到一件新产品，根本谈不上对产品的质量有多么深刻的了解和认识。确切地说，在他们购买之前，只能从朋友的推荐、广告的宣传、销售人员的讲解中获悉产品的质量和性能。但是一旦客户购买了产品，那么马上就会知道产品的实际质量和性能。一旦发现产品的质量有问题，或者当发现产品的性能和销售人员介绍的出入太大时，客户就会感觉上当受骗了，不满情绪也会油然而生。这就是一般客户投诉的起因。但是，因产品的质量问题引起的不满，最后很可能由于服务不到位而导致不满情绪进一步激化。

通过市场研究可以了解客户需要什么样的产品和性能，了解竞争对手的产品质量和性能，了解客户对产品不满的原因；但只有坚持学习和创新，产品的质量和性能才会逐步得到改善和提高，才能越来越受到客户的肯定和支持。只有客户满意了，才会有更多的回头客和良好的口碑效应。因此，我们说产品质量是提高客户满意度的基础。

三、优质服务是提高客户满意度的保障

客户在购买产品的过程中，开始可能并不了解产品的质量和性能，但是通过和销售人员、客户服务人员打交道，就会逐渐对产品的质量和性能、企业的品牌和形象有一个认识。销售人员、客服人员代

表着企业的形象，从他们身上基本上可以看出一家企业的管理水平和服务水平，能在很大程度上决定客户是不是会购买我们的产品。客户服务是客户印象的第一窗口，也是购买产品的第一决定因素，除非产品是垄断型的，客户没有其他的选择。正因为客户对产品的质量和性能的了解，很大程度上依赖于销售人员或者客户服务人员的介绍，因此客户经理和服务人员良好的职业素养便是吸引客户的第一关，也是客户满意度的第一保障。比如，当客户使用了产品以后，发现产品质量有问题或者对其他不满，于是进行投诉，这时接待他们的客户服务人员的态度、讲话的礼貌和技巧都会直接影响客户的满意度。因此，我们说优质的客户服务是提高客户满意度的保障。

四、企业形象是提高客户满意度的期望

客户对企业和企业的产品的了解，首先来自于企业的形象、品牌和口碑效应。当客户计划购买的时候，他们会非常关心购买什么样的产品，购买谁家的产品，这时企业的形象就起到了非常大的决定作用。通常，客户的第一选择总是脑中第一个出现的品牌的产品，然后才会在市场上进行分析和比较，最后决定购买谁家的产品。一般情况下，客户是希望购买牌子比较硬、价格又不太贵的产品，也就是有高的价格性能比的产品。因此，我们说企业形象是提高客户满意度的期望。

五、客户关系是提高客户满意度的法宝

当客户决定从企业的形象、品牌去探索该产品时，遇到的第一个

人是客户经理或者咨询服务人员，他们的态度、对产品的了解程度、服务水平直接影响到客户的购买决策，但是最关键的还在于客户经理是否能很快地和客户建立起一种相互信任的关系。大部分客户认为销售人员只是从自己的利益角度出发一味地推销产品，而不是帮助客户进行咨询的，甚至认为销售人员为了卖出产品可以不择手段，这就导致销售人员越卖力地推销产品，客户躲得越远。由此可以看出，销售人员和客户之间建立相互信任的关系是十分重要的。只要客户和销售人员之间建立了信任关系，那么不管以后销售人员如何推销自己的产品，客户都会认为销售人员是为客户着想。因此，我们说客户关系是提高客户满意度的法宝。

六、客户服务——贯穿售前、售中和售后

讲到客户服务，很多人认为就是售后服务部门或者客户服务中心的事，其实我们知道，客户服务不仅仅是客户服务部门的事情，客户服务涉及企业的方方面面。

首先我们看一下销售的流程：

第一步，市场研究。通过对企业、市场、客户需求的市场调研和分析，研究市场定位，这时需要考虑的有企业的强项、弱项、机会和挑战（SWOT 分析），考虑竞争对手的情况、政策的发展等。

第二步，完成了市场分析后，下一步就是进行市场目标的设定。根据市场分析得到的结果，制订市场推广计划，包括市场定位、政策设定和营销规则等。

第三步，有了市场定位和市场政策、目标，我们就要通过市场活动，提升企业的品牌形象，为打响某市场战役做好充分的准备。通过广告、地域巡展、招聘会、论坛、展览会、直销宣传册、电话销售、

电邮等，或者参加著名学府开办的讲座等市场活动，为企业带来更多的潜在客户和销售机会。

第四步，通过市场活动为企业争取到更多的销售机会后，这时就需要一对一的服务、销售。销售人员需要进一步跟踪机会客户，通过电话联系、和客户约会等，为客户进行进一步的宣传推广，让客户了解更多的有关公司、产品、解决方案的信息，同时了解客户最头痛的问题和希望得到的解决方案。通过进一步的交流，让客户认可你的产品、方案和服务，最终和客户在价值上达成一致，实现共赢，签订合同。

第五步，和客户签订合同后，就要严格按照合同所列的条款执行。如客户需付首付款或订金，销售商或厂商需按时、按要求给客户发货，或者进行服务咨询等。

第六步，产品顺利交付并验收完毕之后，接下来客户就应该付完其他款项，同时客户有权利享受相应的售后服务和进一步的维护、升级等服务。

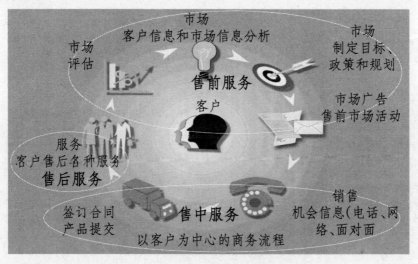

图 2 - 1　服务贯穿售前、集中和售后

第七步，当市场活动接近尾声时，企业一定要对这次的市场活动或者策划进行评估。评估的方法有很多种，比如每当接到客户的来电、拜访、来信时，一定问问客户是如何了解到我们公司、产品或者服务的；或者统计通过市场活动争取到的销售机会的成交率等。

在以上这七步中，第一、二、三和七步属于市场前期阶段，也叫售前阶段；第四、五步属于销售阶段，也叫售中阶段；第六步为服务阶段，也叫售后阶段（如图2－1所示）。所以客户服务不仅仅是客户服务部门或者呼叫中心的事情，更是贯穿企业整个流程的事情，包括产品研发、生产、内部流程、外界渠道、供货商、政府部门等都需要提供以客户为中心的客户服务。加之每个企业的销售模式不同，有直销、分销、主动式营销、被动式营销、合作营销，本书主要以一对一主动营销模式为主，讲解客户服务与客户管理。

客户也疯狂 | 培育"粉丝"客户的
服务与营销技巧

第三章
态度和意识直接影响
客户满意度

做任何事情，态度都是决定成败的最重要的因素之一。我们说，决定一个人成功的重要要素有三个：态度（Attitude）、技能（Skill）和知识（Knowledge），其中，技能包括销售技能、服务技能、沟通技能等，知识包括社会知识、行业知识等。本书将主要以态度和技能为中心进行阐述。

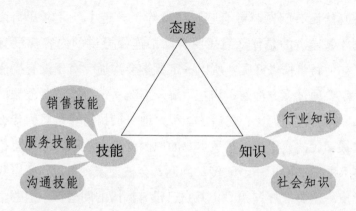

一、阿 P 精神

什么是阿 P 精神？相信没有多少人知道，但是大家都知道阿 Q 精神，阿 Q 精神是鲁迅先生的原创，是一种精神胜利法，即不管遇到多么糟糕的事情，觉得多么委屈、不满，总是要表现出满意的样子给别人看。那么什么叫阿 P 精神呢？这里有三重含义：

第一，在英文字母中，P > Q，阿 P 精神比阿 Q 精神更进一步。也就是说，不管做任何事情，不但要让别人满意，还要让自己满意。既要为别人而活，还要为自己而活，无需一定要成为"毫不利己，专门利人"的"圣"人。

第二，P 是英文 Positive 的缩写，什么是 Positive？就是以积极向上、正面的心态看问题。对于任何已经发生的事情，从不同的角度一分为二地看问题，绝对会有不同的结果和收获。

第三步，P的发音和中文的"皮"很接近，阿P精神的第三重含义就是脸皮要"厚"。为什么呢？不管是在学习还是沟通方面，也不管是真懂还是完全不懂，我们很多人总是不积极提问题。每当领导讲完话或者布置完任务问大家还有没有问题时，往往没有一个人回答，领导讲既然没有问题就散会吧，结果等领导走了，大家开始议论纷纷，刚才领导讲的是什么意思呀？如果连领导讲的内容都没有搞清楚，又如何将事情做好呢？所以一定要学会沟通，对于没有搞懂的问题，一定要通过多方沟通，相互了解，下级一定要知道所分派的任务是什么、可行性如何等，然后才能很好地贯彻执行。再看为什么会议上主动提问题的人很少呢？最主要的原因就是脸皮不够厚，总担心当着很多人的面提出了一个"傻"问题，会被大家看不起。所以我们强调，脸皮一定要"厚"点，但凡自己没有搞懂的问题，一定要主动提问、积极沟通。

》 换个角度看问题

有一天早上，一个出租车司机载着乘客赶着去上班，但不幸的是每到一个路口遇到的都是红灯，司机非常生气，埋怨道："今天怎么这么倒霉，怎么尽是遇红灯！"这时乘客讲："别着急，等到绿灯亮时，我们就是第一个过去的。"

只要以积极向上的心态面对任何事情，就可以得到好的结果。很多事情做不好，大部分原因就是心态不好。

二、服务意识决定服务行动

服务意识决定服务行动，良好的服务意识是使被服务者感觉到方便、舒适和受尊重，感受到心理上的愉悦和快意的保证，应当贯穿于产品开发、产品营销和售后服务过程的始终。

>> 习惯是可怕的

一个朋友需要办理房产证，但是不清楚具体需要哪些证件和手续，于是直接去某办理机构咨询，结果工作人员看也没看就说"到后面排队去"，足足等了四十分钟后终于轮到他，工作人员看完材料后对他说："材料不齐全，回家取去。"这位朋友非常生气，事情没有办成不说，还浪费了很多的时间。其实，就这么简单的一件事情，如果能够站在客户的角度考虑问题，在办公室的外面挂上一个牌子，写清楚办理房产证的流程、需要的材料、办公时间和地点等，就会避免很多不必要的反复和麻烦。为什么就连这么简单的事情也想不到呢？因为他们从来没有站在客户的角度考虑问题，没有客户体验，没有为客户服务的意识。

三、服务态度决定服务质量

对于任何一家企业而言，员工的态度、满意度都直接影响工作的积极性、服务的质量和工作的效率。如果一个员工带着情绪工作，动辄与人针锋相对，如何做好本职工作，又何谈让客户满意？只有当员工"疯狂"地为企业卖命工作，发自内心地愿意为客户提供悉心周到的服务，才可能使客户满意，让客户也"疯狂"。

>> 员工乐了，老板发了

20 世纪 80 年代以前，我国企业多实行员工终身制，即单位设有工作区、生活区、福利区等，全家人几乎都在一个单位上班、生活。但是自从实行改革开放以来，国有企业大改革，终身制不再适应企业的发展，大家可以自由选择服务于自己喜欢、用人单位需要的企业，加之房地产业的兴起和分房制度的取消，大部分企业都不再提倡员工终身服务于同一家企业。然而正当国人兴师动众推行企业制度改革时，美国 SAS 公司（连续十几年被《财富》杂志评选为 100 家员工最愿意工作的公司之一）却在大力提倡所谓的员工终身制，即鼓励员工带着全家人一起工作，小孩从一出生就属于公司成员，上学的所有费用均由公司支付。员工若要休假，可以提前到公司的人力资源部登记，公司将按照员工的期望，为员工安排好行程、酒店、机票。员工的工作时间是自由的，上班无需打卡或者签到，在这样的制度下员工的流动率不到 4%。

此外，SAS 公司的新员工，尤其是刚入职的销售人员，进入公司后必须参加公司的新员工培训，要让所有的员工理解"员工乐了，老板发了"的企业文化，相信自己加盟的是一家享誉全球的卓越的公司，所生产的产品是全球最好的产品，了解它能给客户解决哪些问题，带去什么样的效益等。接下来，还要认识到自己的产品和竞争对手的产品的优劣、区别，如果客户对此提出异议，该如何作答等。只有这些还不够，还要进行销售技巧的培训，比如咨询顾问式销售、解决方案式销售等。

SAS 公司认为，如果销售人员在没有接受培训之前见了客户，那么面对客户所提的众多疑难问题，或对服务、产品有不满情绪，新员工将会不知所措，举止不当，不但客户不满意，新员工的积极性、自信心必然会受到打击。

SAS 公司成功的秘诀就是，为员工解除后顾之忧，首先让员工满意，然后通过培训，坚定员工对产品的信心和服务意识，提升销售人员的销售水平，从而使得销售人员就像图中的老鹰一样，可以将如此巨大的鲸鱼抓起来！

员工乐了，老板发了

四、如何在竞争中立于不败之地

　　《蓝海战略》是一本在业界非常有名的好书，它主要强调的是企业的创新，包括产品创新、服务创新、管理模式创新、营销模式创新等，强调产品差异化，这样就不会在竞争中两败俱伤。我在《全面企业绩效管理》一书中也讲述了很多关于企业应该建立自己的盈利模式，通过创新避免和竞争对手正面交战的方法，但是创新有时并不是一件非常容易的事情，或者企业很难在短期内实现产品等的创新或者经营模式的改变，因而不得不和竞争对手展开血腥的较量。在这种情况下，如何战胜对手呢？竞争策略就显得尤为重要。每当谈起竞争策略，我就会想到甲骨文公司的全球总裁拉里·埃里森。拉里做事的风格非常强硬，一定要打败所有的竞争对手。下面我们来看甲骨文公司是如何在红海战役中取胜的。

我们知道，要做好营销策划，首先要做的应该是目标导向的管理（Object – Oriented Management）①，它是一种工作的方法和态度。做任何事情都要先进行分析，然后制定一个切实可行的目标，再看如何实现这个目标，需要采取哪些具体措施等。这样，才不会迷失努力的方向，才能按部就班地把工作做好。

众所周知，如今的甲骨文公司无论在数据库还是在 ERP 等方面，所取得的成就都是全球领先的，但刚开始时甲骨文公司并不是做得最好的，不管是市场份额还是产品的质量方面，都落后于 Informix、Ingres 公司。那么，甲骨文公司又是如何打败这两家公司，在市场上站稳脚的呢？这得归功于甲骨文公司的全球总裁拉里·埃里森胜人一筹的市场销售策略，他总是着重宣传其产品的三大特性：可移植性、可连接性和兼容性。这些特性在市场销售过程中，确实起到了立竿见影的效果。此外，拉里还非常注重争夺市场份额。正因为他周密的计划、胜人一筹的攻击策略和目标导向性进一步击败了竞争者的行动，最终使得甲骨文公司在数据业务方面遥遥领先。

在竞争的过程中，甲骨文公司对任何对手实行打击的立场都是明显而直接的，为了达到占据数据库方面全球第一位置的目标，他们经分析后确定，必须将竞争对手的产品功能变成自己的产品功能，将竞争对手的人才变成自己的人才，将竞争对手的客户变成自己的客户，将竞争对手的渠道和分销商变成自己的渠道和分销商。其中最重要的还是将竞争对手的关键人才变为己有，让对手失去真正的核心战斗力。为彻底打败竞争对手，他们制定了"攻敌五部曲"：

第一，首先寻找出竞争对手的真正弱点（包括产品功能、产品定位、对手的策略、对手的服务、对手的企业文化等）；

---

① 注：目标导向的管理，不是目标管理（MBO，Management by Objects）。目标管理是著名的管理大师彼得·德鲁克于 1945 年在他的《管理实践》一书中提出的，强调的是先有目标，然后才能确定进一步的工作。

第二，一定要确认这些弱点是致命的；

第三，在可能的情况下用对手自己的观点对付对手，以牙还牙；

第四，在公司内部，统一制定对付对手弱点的攻击之词（有统一的版本）；

第五，确保客户不会再考虑被击中要害的竞争对手的产品。

》 甲骨文公司的制胜策略

在20世纪80年代，大家普遍认为Ingres公司的产品在功能方面优于甲骨文公司的产品，而且它的销售量确实非常大。Ingres是由加州大学和伯克利大学的一群教授、博士创立的一家数据库公司。甲骨文为了强大自身的实力并且将竞争对手打败，采取了将对手的人才变成自己的人才，让竞争对手失去战斗力的策略，具体有三大"损招"。第一招叫"攻心术"，即通过大量的言论宣传和广告，动摇对手的士气，打垮对手的信心。甲骨文公司先给Ingres公司的产品戴上"实验室的研究项目"的帽子，并在当地的报纸上每周发表一篇文章，攻击对手的产品是由一帮文人鼓捣出来的产品，是"实验室的研究项目"，企业不应该将重要信息储存在"温室里的花瓶"里。刚开始Ingres公司的所有人员都觉得不要相信报纸上的攻击，坚信自己的产品就是比别人的产品做得好。一天过去了，两天、三天……更多天过去了，客户慢慢相信了这种宣传，Ingres公司的销售业绩开始下滑，这时，Ingres的员工也开始动摇了。第二招，高薪挖人才。第三招，鼓舞士气，挫败对手。甲骨文公司给每名员工都发了一件很有特色的大T恤，上面画着一片大海、潜在水里的老潜水员Ingres、一条大白鲨Oracle，大白鲨正死死地咬住老潜水员的氧气管。每逢星期五的下午甲骨文公司的员工都会穿着这样的T恤在Ingres公司门前游行。这三招实施不到半年，Ingres公司几乎所有的员工都开始动摇了，最后大部分优秀人才都投奔了甲骨文公司，于是成就了今天享誉全球的甲骨文公司。

五、员工的疯狂必然带来客户的疯狂

我们在前面已经讲过，员工的满意度直接影响客户的满意度，因此如何让员工满意也是企业不可忽视的重要问题之一。很多企业的老总每天关心的就是企业的效益、销售额的多少，却很少关心销售人员的情绪和生活。想要让客户也疯狂，就要先让员工疯狂，员工的疯狂有两种：一是像 SAS 公司那样，给员工创造一个良好的环境，让每个员工没有后顾之忧，全心全意地投入工作，自愿地、疯狂地为公司卖命工作；另一种是通过其他短期激励手段，迅速让员工达到疯狂工作的状态。

我曾经做过大量的调研，结果表明员工愿意在一个企业继续待下去的理由总结起来主要有三条：第一福利待遇要好，如果好到大家没有后顾之忧，大家自然乐意为公司"卖命"；第二企业环境要理想，也就是说，员工有融洽的工作环境，企业有健康的企业文化，大家互相尊重、平等相处、每个人之间就像好兄弟好朋友一样亲密，大家每天心情舒畅，自然乐意将自己的生命贡献给公司；第三要有光明的发展前途，每个员工在公司里可以学到东西，不管是产品知识、行业知识、管理知识、为人处世的知识等，而且每个人都可以看到自己的发展目标或者被提升、重用的机会，否则员工必然会三心二意。在上面的三条中，如果满足其中两条，员工还可能继续待下去；如果只满足一条，那么要不了多长时间，员工就可能离开公司。不同的人有不同的期望，工资福利好也并不一定能留住员工，还要看工作的环境等其他因素。在不同的阶段人们的需求也不同，所以一个企业要想避免优秀员工流失，一定要将自己的员工进行细分，以便更好地满足不同阶段员工的需求。像美国 SAS 公司，他们的企业文化就是"员工乐了，老板发了"。

要想留住优秀员工，企业文化是非常重要的，但企业文化也不是一天形成的，而是长期培育出来的。但是恰当的激励手段也不失为使员工疯狂的一个好办法。比如，国内很多公司都有一个所有员工务必参加的年初动员大会，由总裁代表公司对去年的工作做一个总结，然后展望新的一年的宏伟蓝图，然后由各个主管表决心，通过这种方法来迅速带动员工的情绪，鼓舞他们奋发向上。同样，很多外企也有年初动员大会——誓师大会（Kick - Off），下面我们来看美国博奥杰（Business Objects）公司 2005 年的誓师大会是如何召开的。

≫ 年初动员大会"煽动"员工的士气

全球几千名员工聚集在美国最豪华的拉斯维加斯的 Bellagio 酒店，参加为期 5 天的会议。会议一开始通过电影的方式在非常震撼的音乐声中总结了前一年的工作、主要的业绩，这种气氛一下子将大家的情绪鼓了起来，大家非常激动，掌声不断。

电影刚刚结束，一只飞船飞到了舞台的中间，飞船的驾驶者是一位身穿红色风衣、头戴特制头盔铠甲的"超人"，他就是博奥杰（Business Objects）公司的创始人，全球总裁伯纳德·利奥托德（Bernard Liautaud）先生。他宣布今年我们的主要任务就是如何打败竞争对手。然后由公司高级副总裁、主要管理层人员出演了以"打败竞争对手"为主题的演出，整个会场气氛达到了高潮。接下来就是博奥杰公司一年一度的电影节，每个地区分公司都会带来自己策划、编剧、导演的小电影，围绕的主题也是打败竞争对手，每个短片不超过 5 分钟的时间。电影节的评委是所有参会的员工，每人手上会有一个带按钮的投票器，投票的结果由公司的新产品"仪表盘"来显示。大家既可以看到新产品的功能，也可以通过它来为电影投票。电影节的一等奖可以获得10万美元的奖金，每张都是一美元的钞票，看起来那么高一摞，很刺激。电影节之后，就是公司为了打败竞争对手新发布的产品Boxi，产品演示都是带有剧情的，比如演示产品可以通过微软的PowerPoint直接使用时，就是一个销售部经理正在向公司高层汇报本季度的销售业绩，突然发现自己的演示文件的数据没有更新，还是上一个季度的数据，很着急，打电话给他的助理，他助理让他简单刷新了一下就可以获得最新的数据等。看完新产品的演示，每个人都非常激动。接下来就是产品市场部为大家演示、讲解本产品和竞争对手的区别和优势，这时尽量淡化区别，强调优势，让员工信心百倍。接下来还会邀请几位知名公司的总裁来讲他们为什么将竞争对手的产品全面换成了博奥杰公司的产品，非常振奋人心。当然每个地区的老板也会介绍如何完成任务，但是都是不需要讲稿的，因为他们对自己的业务已经了如指掌。最后一天就是鼓励员工在有如此优秀的产品、如此强大的技术支持、如此好的客户前提下，努力完成任务，争取成为今年的优秀员工，这些员工可以带上家属到波多黎各岛度假一个星期，并通过电影的形式给大家展示岛上的五星级海滨酒店、高尔夫球场、骑马、爬山、各种海上运动和潜水活动等，这些休闲娱乐项目的费用统统由公司出钱，让这些功臣娱乐。听完、看完后大家都激动得甚至睡不着觉，心里只有一个念头——一定要努力成为优秀员工！

第四章

打造优质客户服务，
让客户也疯狂

一、客户是朋友，不是上帝

我们知道，很多企业都有一个叫得非常响亮的口号——客户是上帝，可是他们真正把客户当上帝一样对待了吗？

当他们喊着"客户是上帝"时，他们千方百计地"忽悠"客户，客户需要什么功能，销售人员就推销什么功能，让客户高兴，诱使客户购买他们的产品。这时销售人员的心态就是将产品卖出去，而不管客户是不是真正对产品或服务满意。而且当销售人员将客户当成"上帝"看待时，客户自然也将自己标榜为"上帝"，认为买和卖是不平等的，于是摆出一副高高在上的姿态，甚至百般刁难销售人员。实际上，买卖双方应该是相互平等的。客户希望拥有自己期望的有用的产品或者服务，从这方面出发，客户反而应该"求"销售，所以为什么要把客户当"上帝"捧着呢？如果为了在日益激烈的市场竞争中占有一席之地而一味地在售前"装孙子"妥协，而成交后又是另一副姿态，这样的缺乏相互信任关系的前后不一的销售模式必然导致两败俱伤，得不偿失。

此外，如果在客户购买之前将客户当上帝看待，其实对自己有害无益，为什么这么说呢？如果客户因为相信了天花乱坠的推销而购买了产品，但是使用后不满意，那么将会带来负面的口碑效应，结果直接影响公司的品牌和形象，导致销售业绩大幅下降。这个道理人人都知道，可是当销售人员更看重短期效应时，客户满意度就被抛到九霄云外了。有的可能还认为中国人多，不骗白不骗。如果抱着这样的思想，那么这家公司只可能有短暂的"辉煌"，绝对不会成为百年老店。

综上所述，只有将心态放平，将客户当朋友以诚相待，客户才能也将我们当朋友看待，从而建立起真正的相互信任的合作关系，才能谋取共同的利益，实现双赢。

≫ 20%的客户会带来80%的负面效应

北京一家非常有名的房地产公司，曾经有一个面向CEO的房地产项目，定位非常好，在交通班车、免费取暖、小孩上学方面给出了很多承诺，因此第一期房子卖得非常火。但是业主入住后，很多承诺根本没有兑现，业主非常愤怒。等到第二期推出时，同样又吸引了很多潜在客户，谨慎一点的客户就打电话咨询一期的业主。虽然一期的业主们没有直接讲不要购买该处房子，也没有讲这个项目好还是不好，他们只是对这些潜在客户讲："北京的地产项目那么多，为什么非要买这里的房子?"一句话，那些潜在客户都跑光了。

由此可见，短时间的效益固然重要，但是切不可本末倒置，只看到广告、宣传带来的眼前的利益而忽略口碑效应。客户如果不满意，他就会走到哪里讲到哪里，就会影响更多的潜在客户。我们知道，20%的客户会带来80%的效益，同样，20%不满意的客户也会带来80%的负面效应，所以我们一定要把客户当朋友看待，要真正让客户高兴、让客户满意，当然也要让自己满意，实现双赢。

二、实现双赢是客户服务的本质

在做客户服务时，一定要多站在客户的角度考虑问题，多为客户着想，不要仅仅考虑这笔交易是否可以成功，一定要发现客户的问题在哪里？客户为什么需要购买这种产品或者服务，用途是什么？为什么急着购买？能不能解决客户的问题？仔细观察客户的一言一行，从言行中很快抓住客户的心理动态，对不同类型的客户采取不同的营销模式，让客户很快建立起信任感，并真正感觉到满意。

当客户有问题进行咨询时，我们的客户服务人员必须耐心听取客户的问题和需求，给客户提出最佳的建议，这样才能获取客户的信任，最好是以咨询的方式给客户提供建议，因为客户有时"怕"和销售打交道，客户都有提防心理，但是当销售人员以咨询顾问的身份出现时，客户会认为他们是在帮助自己出谋划策，自然会降低戒备和提防心理。

如果客户对购买的产品或服务不满意，那么我们就要以最快的速度给客户解决问题，而不是相互推诿、"踢皮球"，要采取"内转外不转"的"一站式"服务模式，让客户满意。

》》 看似吃亏，实际双赢

国家某部门曾经向 SAS 公司采购过一套软件，我们知道 SAS 软件是租用制，需要客户每年上交一定的租用费，当第二年向该部门征收租用费时，他们着急了："我们连包装都还没有打开，为什么还要交租用费？"当得知此问题后，主管领导马上给予了重视，说："如果客户确实用不上我们的产品，请马上将客户的购买费用退还给他们。"领导的指示该如何执行呢？是直接退款还是先分析原因呢？最好的办法就是为客户着想，让客户先试用起来，这样才能体现出产品的价值。于是，SAS 公司安排了几位技术人员全程跟踪服务，在 SAS 的平台上开发出了两套应用方案，先在山东试点安装使用，结果客户觉得非常满意；然后又在天津安装试用，客户也十分满意；接下来逐步推广到了全国范围已经购买了 SAS 产品的各单位。这样看起来好像 SAS 公司吃亏了，客户没有花钱购买技术支持，公司多此一举。但是到了第二年全国 300 个城市采购时，SAS 的产品直接进入了标书，其他所有投标的公司都要求获得 SAS 的授权。这就是双赢，就是将客户当朋友对待的结果。由此可见，客户服务在整个产品销售过程中的关键地位。

>> 咨询式营销更容易赢得客户信任

在移动通信行业，近几年无线上网业务非常火暴。我们知道无线上网设备也有很多种不同的产品，如果客户需要一个上网卡，比如这种网卡可能有三种不同的选择：有 90 元的，有 130 元的，有 190 元的，我们该向客户推荐哪一种产品呢？在销售时，我们首先要尽量了解客户的背景信息和消费需求，了解客户是否经常出差，经常入住的酒店是否有免费的宽带，使用的数据流量大概是多少；然后，还要给客户讲清楚不同的上网卡所提供的服务及其内容，讲清各自的利弊，给客户推荐一个最合适他的产品，既能满足他的消费需求，又能节省不必要的花费，你甚至可以帮他算一笔账，让他先使用一个月，不合适再进行调换。只有这样，客户才会觉得你把他当朋友看待，能够设身处地为他着想，从而促进双赢。

三、超越客户预期，引导服务需求

客户的预期是左右市场的重要力量之一，它是因人而异的，是不断变化和成长的。所有的企业不应当只着眼于研究客户的传统习惯和心理，更重要的是动态地研究客户的预期，创造出超过他们预期的产品和客户服务。实现的方法是通过产品创新、技术创新、管理创新、盈利模式创新、流程优化的创新等实现超越客户预期的目标。

在技术方面，比如电视机制造技术的创新，使电视机由最早的黑白电视发展到彩色电视、从一般电视到平面直角电视、从显像管电视到等离子体电视、再从等离子体电视到液晶电视、从模拟信号电视到数字电视，也许未来还会出现光子电视。再比如手机，现在的3G手机具有电视、电话、收音机、掌上电脑、收发短信、照相机、MP3、MP4、DVD等功能，几乎集所有的视频、音频功能于一体；也许未来手机还会具有遥控器、钥匙、身份证、信用卡、护照（个人身份验证）、男士刮胡刀的功能。这些都是通过技术层面的创新实现超越客户的预期。

在盈利模式方面，比如银行原来主要是被动式营销，所有的客户都要排长队存款、取款，现在有了理财室、大客户室专门为大客户服务，还有网络银行和电话银行，既方便了客户也降低了银行的成本。另外在银行的营业厅里增加了取号机，避免了排队的拥挤和不必要的争执，这些都是通过盈利模式和管理模式或者流程的改变和创新实现超越客户的预期。

》 简单的数字提高了登机的效率

在国外，飞机登机牌上除了登机口、座位号外还有一个1到4的数字，表示机舱的分类，如1表示座位在飞机尾部，这些乘客，第一批登机，这些乘客进入机舱后，直接向后走，放行李时，也不会影响到后面的旅客，避免了不必要的等待和嘈杂；4表示在飞机的前部，这些乘客最后一批登机。就这样一个简单的分段码，节省了很多的登机时间。再看看国内的有些航班，大家必须在登机口排很长时间的队，然后到廊桥还要再等很长时间，进了机舱还是要等。所以我们完全可以从管理流程上着手，改变低效甚至无效的现状，超越客户的预期。

客户的需求是需要我们及时跟踪和服从的，但是更重要的是主动引导客户的需求。如果按照大家通用的模式生产产品和提供服务，那么产品和服务就会出现同质化，竞争必然是激烈的；而主动引导客户的需求则可能使你的公司、产品或者服务独树一帜、脱颖而出。

四、客户服务人员应经常换位思考

我们知道，客户服务必须以客户为中心，必须站在客户的角度看问题或者想问题。由于服务人员或销售人员久已形成的工作习惯，他们从来不考虑习惯做法是否是最优的或者是让客户满意的，而且习惯一旦形成是不容易发现错误并改正的，因为他们缺少客户体验。比如，银行业的工作人员应该都很清楚，中午的时候通常是客户最多的时候，但是这个时间也是银行职员轮流吃饭的时间。如果要真正做到以客户为中心，站在客户的角度考虑问题，那么银行的职员就应该调整吃饭时间。国内机场常常有这样的现象，乘客们在一个安检通道口排着长长的队伍等待通过安检，其余的安检口全部处于休息状态。医院也是如此，病人不得不带着病痛连夜排队挂号，够幸运的话挂上了号以后，还得拿着病例去指定的楼层看病，看完又要到指定的楼层划价，划完价再换一个窗口缴费，缴完费还得再回到划价处取药，取了药可能还需回到看病的地方或者注射区去打针。这样的服务别说病人受不了，就是对于一个身体健康的人来说也会累得够呛。生活中诸如此类的例子比比皆是，为什么我们就不能多为客户着想，站在旅客或病人的角度看问题呢？

所以，销售人员要经常换位思考，设身处地为客户着想，多一些客户体验和客户服务意识，这样才能从现有的工作模式中跳出来，看出问题所在，才能真正把"以客户为中心"的理念融入到工作中，才能真正令客户满意，创造出一番长盛不衰的伟业来。

五、统一管理，杜绝"踢皮球"现象

生活中常常会遇到这样的现象，也许客户投诉的起因只是质量上存在一点小问题，但是由于服务流程的不合理，引发了各流程间的"踢皮球"现象，最后导致问题更加严重，客户更加不满。

如果我们将企业看作一个整体、一个动力系统的话，就不应该分你的责任或我的责任。其实每个部门都有自己的职责和流程，一般也比较完善，但是不可避免地在部门与部门之间存在信息交换的空白和相互协作的不足，结果导致客户的不满。前面我们讲过，要实现销售、市场、服务一体化，其关键就在于立足于全局考虑流程，要实现一个以业务流程为主线的整体流程规划，就不能以现有部门为单元进行流程设计。

》"踢皮球"现象

在某次论坛上，一个客户抱怨说他们中心采购了一家全球知名公司的软件，结果运行时出现了一些问题需要解决，于是打电话给销售人员。销售人员说产品售出后就不归销售部门管了，不过可以给你们一个售前人员的电话，你和他联系，让他帮助你解决。这是销售人员常用的招数，随时调用售前人员，因为售前人员是"免费"的，而且和销售关系最密切。有些销售人员为了完成短期任务，往往多卖软件的许可证，尽量少卖产品的服务和咨询，他们只看自己的"一亩三分地"，根本不管客户是否成功。结果客户打电话给售前人员，售前人员说：抱歉，现在也不归我管了，我给你一个咨询部门的电话，你可以和他们联系。为什么售前人员又推给咨询部门呢？这是因为售前人员也有很多自己的事情要做，比如正忙着应答标书。客户虽不耐烦了，但也无奈，只好先打电话给咨询部门，咨询部门讲：我们支持仅仅 7 天时间，我们已经完成任务了，而且你们的系统也已经上线了，不归我们部门管了，你应该去找售后支持部门。可是当电话打到售后支持部门时，售后支持部门讲：是应该归我们管，但是你没有购买我们的维护支持呀。转了一圈，问题还是没有得到解决。客户非常不快地说："我现在就买你们的维护支持，可是在合同签订之前为什么就没有人给我们讲需要购买维护支持呢？也没有人告诉我购买的流程是什么？"从公司的角度看，按照每个部门的职责划分，销售、售前、咨询、售后服务都没有错，但是这只是公司内部的职责和流程安排，客户怎么知道呢？

从上面这则案例，我们可以看出，第一，这家公司没有给客户分发售后联络单，导致客户遇到问题只能找销售人员，而且问题迟迟得不到解决。第二，这家企业只追求短期效应，只看短期的销售额，销售和其他几个部门缺少配合。第三，该公司考核体系不完善，仅仅计算销售人员的许可证，也就是只看到软件的销售业绩，而没有考核客户是否成功。为了保证客户的成功，必须把销售的培训、咨询和维护都算在销售额中，因为这些钱都会进到公司的账上。第四，该公司缺少过程管理。客户投诉的时候客户的项目已经上线了，可是销售人员还在动用售前人员。第五，当销售人员或者任何一个人员接到客户电话时，应该先询问客户的问题是什么，然后留下客户的联络方式，自己在内部找到相关的解决人员后再打给客户，这样就不会让客户认为像被"踢皮球"一样。这也叫"内转外不转"的服务模式。

这则案例告诉我们：企业应该建立一个统一的客户服务中心，在销售的不同阶段要有一个明确的唯一的与客户接触的窗口。比如在销售前期，客户可以拨打客户服务电话进行咨询，如果客户不知道咨询电话，公司应该有明确的规定，凡是接到咨询电话的一律转到客户服务中心，然后由客户服务中心按照客户的需求、问题属性等转给相关的销售人员。在售中阶段，也就是签订合同之前，负责和客户接触的唯一窗口应该是销售人员，除非销售人员将客户特别委托给某个售前技术人员。签订合同以后，客户就应该和维护支持部门打交道。有问题咨询或投诉直接和客户服务中心打交道。这样每到一个阶段都有一个唯一的对客户负责的窗口，就不会有"踢皮球"现象的发生了。

六、方便客户需求，实现"一站式"服务

在客户和厂商打交道时，客户总是希望能够方便地咨询、购买、维修、办理手续等，正像我们在前面讲到的医院里病人挂号、看病、开处方、划价、取药，甚至打针等，完全可以通过一站式服务变得简单方便。

≫ "鹏峰"的一站式服务

深圳鹏峰汽车4S店，至今已有十多年的历史，2006年员工大约有两千多名，汽车年销售量大约是1万辆，销售额超过了30亿。为什么"鹏峰"可以取得这样的业绩呢？

在服务理念上，"鹏峰"提出了"为家人服务，我们精益求精"的服务口号，并不断提高服务质量，将服务内容不断丰富和延伸。不仅仅在店面装修上尽量达到五星级酒店的水平，在客户服务上也采用了"一站式"服务的模式。在他们的4S店，客户除了买车、获得售后维修服务和零部件供应之外，还可以办理按揭购车、新车上牌入户手续、保险和理赔业务等，所有咨询、购车、办理相关手续不需要再跑银行、保险公司、公安交管局等，只要在4S店就可以一次解决。除此之外，他们还提供很多其他

的增值服务：24 小时救援服务、代办车辆年检和年审、提供修车客户专车接送、免费全车检测、修车时提供代步车和免费洗车等配套的服务。他们投入了近 500 万元资金，购置广州本田飞度、北京现代伊兰特、一汽丰田、威驰等车型共 36 辆，作为确保"家人满意工程"的"服务代步车"，在全国汽车行业中首家推出同型号代步车，供维修客户无偿使用。另外，鹏峰丽普盾 GPS 以鲜明的产品特点（首创兼容原车防盗、首创防扫描盗窃保护系统、超声波智能感应报警、信号盲区补偿报警、行车轨迹记录、查询等），对家人无时无刻的关怀，解决家人后顾之忧的运营模式，开了 GPS 运营界的先河，成为全国 4S 店中唯一的独立 GPS 运营商。特别地，顾客在鹏峰汽车集团旗下各店购车上牌，从登记、受理、复核到制证，仅需要 45 分钟左右，免除了车主等待上牌、排队选号之苦。

自此，"鹏峰"成为了深圳汽车行业内首个真正意义上从咨询、购车、按揭、上牌、保养、维修、保险理赔到客服等流程"一站式"服务的汽车企业。

七、优化客户服务流程，提高客户服务质量

前面我们讲的"踢皮球"现象归根结底是由于流程安排不合理，或者职能职责划分不清导致的。合理安排流程不仅可以减少我们的工作量，而且有助于提高客户的满意度。

》》"马上"是多久

2002 年我还在甲骨文工作时，工作地点是北京市国际贸易大厦，那时我在国贸大厦使用某移动通信运营商的手机时，根本没

有信号，我们的销售人员也非常着急，说"鲁老师，将您的手机砸了吧，我们给您再买一部，简直接不通你的电话"，我不得不打电话到运营商的客户服务中心，客户服务人员问："您叫什么名字？电话号码是什么？有什么问题需要我帮助？"客户服务人员的态度特别好，声音也非常温柔，于是我也非常平和地向她反映了所遇到的问题。客服人员登记了以后，我问什么时候能给我答复，客服人员讲"马上"，听后我就很不高兴："我最不喜欢的词就是'马上'，每次当儿子玩游戏玩得非常投入时，我对他讲别玩了，他的回答总是'马上'，可是10分钟、20分钟后他还在玩。什么是'马上'？10分钟是'马上'，半个小时是'马上'，甚至半天、一天都是'马上'，我不希望听到模糊的回答。"客服人员没有办法，不得不给出承诺说："明天早上10点以前给您答复。"第二天早上10点，客户服务中心没有回电话来，等到10点过了两分，我又给客户服务中心打电话，结果客服人员又重复一遍，问："先生，您叫什么名字？电话号码是什么？我能帮你做什么？"语气还是那么温柔，可是这一次又一次地像审犯人似的"审问"让我觉得非常不高兴，就好像不是和一家运营商打交道，而是和好几个公司在打交道，他们的流程一定有问题。这和前面我们讲到的一个关于空调的投诉案例形成了鲜明的对比，于是我又问："难道你们看不到昨天我也是用同样的电话投诉的吗？"客户服务人员讲："抱歉，我们看不到。"这时，原本信号不好的问题就上升到服务质量的问题了。

　　客户服务人员必须牢记，当处理客户投诉问题时，一般情况下不能使用模糊语言，而应该给出一个具体的解决时间或者恰当的建议。答复并不等于问题的最终解决，而是及时向客户汇报我们客户服务跟踪进行到了什么地步，主动给客户一个答复。

　　由此可见，如果第一个接电话的客户服务人员能够在系统里很快记下客户投诉的信息，那么当客户第二次用同一部电话打来时，马上就会弹出该客户的信息界面，从而了解到他什么时候投诉过，关于什么问题投诉或者咨询了什么问题，或者该问题的处理情况。如果还没有解决，立刻向客户表示抱歉，并告知问题正在处理过程当中。如果客户每次打电话都要重复回答同一个问题，那么客户肯定会觉得不耐烦，这个时候就不是对产品质量的怀疑了，而是对服务不满意，将导致严重的负面效应。因此，过程管理做不好是致命的，我们首先必须优化流程设计。那么，如何优化流程设计呢？

（一）　采用先进的技术优化流程

＞＞　三步并一步

　　过去去洗手间洗手时，洗手的动作需要三个步骤，先将水龙头打开，将手伸下去洗净，再将水龙头关上。现在有了红外技术，我们仅仅需要将手伸上去，自动出水就可以洗手了，仅仅一个步骤就可以了。

（二）根据业务需要，设计流程

按照业务需求设计流程，将不必要的人、部门"划出"服务流程。在企业资源规划（ERP）里讲得最多的是企业内部的业务流程，但在客户服务管理里面我们讲的是销售、服务、市场一体化的规范过程和流程。

》 形同虚设

在炮兵连曾经有一个令人不解的现象，在大炮的右前方总有一个人左手举得高高的，始终站在那里，没有人知道他们站在那里到底做什么。有一天，营长来到炮兵连视察工作时问连长，你能不能告诉我大炮前面站着的人在做什么？结果连长也说：对啊，他在做什么，自从我来了连队，这里就站一个人，后来等那人转业以后，我们又招了新人，照样还站在那里。于是营长委托连长去调查，结果发现，最早的时候大炮是马拉的，这个人是拉马的。当打炮的时候，为了便于大炮快速移动，炮车是不从马上卸下来的，所以就必须有一个人负责牵马缰绳，以防止马受惊乱窜。后来改用车拉大炮，可是牵马人的岗位还在，他还继续站在那里左手高高地好像"拉着马缰绳"。

大家可能觉得这个故事很好笑，但它在现代社会的翻版随处可见，例如很多企业的流程是按照部门设计，而不是按照业务需要来设计。下面我们可以看一下甲骨文公司的报销流程设计，然后我们看它的流程设计是以业务为中心，还是以部门为中心？

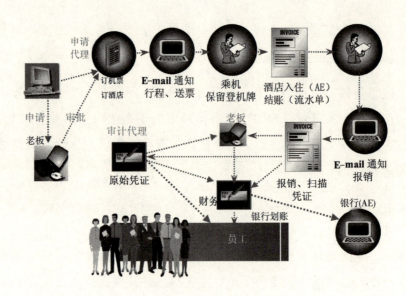

申请
代理

订机票
订酒店

E-mail 通知
行程、送票

乘机
保留登机牌

酒店入住（AE）
结账（流水单）

申请 审批

老板

审计代理

原始凭证

老板

E-mail 通知
报销

报销、扫描
凭证

财务

银行划账

银行(AE)

员工

>> **甲骨文公司的出差申请及报销流程**

　　如果要出差，不管出差的人在什么地方，发一封申请出差的
E－mail，写清什么时候去什么地方和为什么出差即可，至于邮
件发给了谁，出差的人员不用去管，系统可以自动直接发给老板
审批，自动发给代理公司预订酒店、机票和行程安排。当代理公
司收到了申请以后，会立刻帮你预订酒店和机票，但是没有得到
确认以前暂不出票，他们等你老板的审批。甲骨文公司有一条严
格的规定，每一个员工无论工作多么繁忙必须在 24 小时之内回
复电子邮件，如果 24 小时内没有回复，就算失职，就会对绩效
考核有一定的影响。如果是紧急情况，当天下午就要出差，而老
板又没办法上网，那怎么办呢？最好的办法就是赶快给老板打电
话，弄清楚是否通过了审批。这时代理公司就会发一封电子邮件
给老板确认审批已经通过，并且有录音作为审批"凭证"，谁的
责任谁负责。然后代理公司会通知出差人员具体的航班、起飞时
间和降落时间、飞机上是否供应正餐等，一般情况下，代理公司
都会为员工订员工经常乘坐的航空公司的航班，并且将旅客的卡

号输入订票系统，这些信息在代理公司都有记录。酒店会选择和公司签约的、员工常住的酒店。机票也会按照员工的申请要求送到全球任何方便的地点。到现在为止，我们看到出差人员没有掏一分钱，谁掏了钱呢？甲骨文公司给每个员工办理了一张运通信用卡，在代理公司处有员工运通卡的记录，实际上他是用了运通卡预订了机票和酒店，是银行提前为你支付了你的机票和住宿费。拿上机票去机场要打车，打车自己先垫钱。公司规定乘坐飞机一定要保留登机牌，没有登机牌回来是不能报销的。为什么要登机牌？因为有些人可能买了机票没有去出差，回来还照样报销。到了目的地，从机场到酒店打车的费用，要自己先用现金垫付。到了下榻的酒店以后，你再用你的 AE 卡作担保，自己还是不用花一分钱，在酒店里用自己的卡结账，然后每一笔消费都会刷在你的卡上，有些地方不能刷卡的，用现金结账。特别提醒的是，在离开酒店时，一定要有流水账单，没有流水账单凭证是不能给报销的。出差结束回到家，很快你就会收到一封报销的电子邮件。打开电子邮件你就只需在相应的花费上划勾，另外，最基本的票据凭证如车费票据、酒店的流水账、其他现金消费的票据等整整齐齐扫描成电子文档，附在报销的电子邮件中，系统会自动同时分发给公司设在澳大利亚的财务中心、发给老板审批，还会发给审计公司审计。也许大家要问，为什么老板还要审批，出差前不是都已经审批过了吗？是这样的，甲骨文公司是以每个部门进行成本结算的，每个老板对自己公司或部门的成本控制负责。如果成本超出了预算，绩效自然就会降低，所以成本控制非常严格。他会看你在酒店的花费，哪些该花，哪些不该花。当财务中心接到老板的审批意见后，只要凭据的合计和报销的数据相同，财务中心会很快把钱打到你的账户上，其中现金消费的打到你个人的账户上，用 AE 卡支付的直接打到 AE 卡账户上。正常情况下，整个报销过程不超过三天的时间，比一般的报销流程省时、省力。到这时报销流程是不是已经结束了呢？还没有。为什么？报销人员还需要把原始凭证用信封装起来，然后交到前台，由专人负责将原始凭证递交给审计公司，如果经审计发现有假发票，则会在第一时间给员工发电子邮件或打电话查问其原因，以防作假。如果确实作假，你会被列入黑名单，并通报给个人、财务中心、老板。如果累计三次上黑名单，那么对不起请你走人。以上就是甲骨文公司出差申请及报销的流程。

从上述流程我们可以看出，甲骨文公司不是以部门为中心而是以业务为中心设计流程的。在进行流程设计时，很可能会损害一些员工的利益，但是如果不改革，则会损害客户的利益、企业的利益。人为的流程监控可能会导致员工对老板不满，但是通过 IT 高科技手段实现的流程监控，员工不会有不快的感觉，而且必须执行，否则后面的事情可能就无法继续。

（三）收集客户反馈信息，完善服务流程

要有专人负责收集整理，将每天的日常流程、客户投诉不满的意见记录下来，然后循序渐进一步一步地完善客户服务流程。

在企业里，我们很多人只顾埋首于自己手头的事情，对于自己无法解决的流程问题或者跨部门的问题怨声载道，可是就是没有一个人主动将这些抱怨具体记录下来。流程问题应该是整个企业的事情，是企业老总、各部门负责人、每位员工都必须关心的。最好是各个部门的负责人负责整理本部门的流程问题，然后再不断完善部门和部门之间的沟通流程对接。另外，也可以聘请第三方咨询公司来协助解决公司的流程问题。

八、重视客户需求信息和反馈信息

按说"客户疯狂"和产品的设计看似没有多大关系，其实只要我们仔细分析就会发现，要想让客户满意，甚至让客户也疯狂，那么让客户见了就不想放手甚或为之发狂的产品是必不可少的。如何才能使客户对产品如此疯狂呢？

要获得客户的需求信息，知道客户最需要什么。前面我们已经讲过，可以通过市场调研公司来实现。很多企业的老总希望销售人员能够将自己获得的客户需求信息汇总起来进行研究和分析，从而尽量减少成本。我们知道和客户打交道最多的是我们的销售人员，他们手上掌握着客户的第一手信息，可是销售人员为什么没有将这些重要的信息提交给企业呢？原因之一，销售人员的主要任务是完成销售任务，他们没有或者无法将更多的精力放在收集客户的需求和反馈信息上。原因之二，销售人员对客户的反馈应该是很重视的，特别是当客户对产品的不满影响到他们的销售业绩时，他们也会向公司提一些意见和建议，但是公司往往没有专人负责收集他们的意见和建议。原因之三，这些意见和建议无论好坏并不纳入销售业绩考核当中，因此不能产生任何激励作用。

无论是销售人员、市场人员、客户服务人员，还是任何其他直接接触客户的人员，都务必要重视收集客户的反馈信息，从反馈中挖掘客户的需求信息。还要从竞争对手的产品信息中发现我们的优势，特别是劣势，产品才能不断得到改进，才能使客户真正感到满意。

这样销售人员就增加了一项任务——收集客户的反馈信息录入客户关系管理系统，并将其汇总起来交给产品研发部门。对于推销失败的客户，要弄清楚客户没有购买的真正原因，而不是遇到失败就互相

推脱责任,认为是价钱的问题、产品的问题、技术支持的问题。如果
能够从失败中寻找到原因,才能为公司进一步的改进提供有力的
依据。

九、加强行业联盟,变被动营销为主动营销

商场、超市、房地产、医药、银行和电信等行业采取的都是被动
营销模式。随着市场的发展和变化,越来越多的行业开始采用主动营
销的营销模式。比如银行除了储蓄所还设有大客户室、理财室;电信
行业除了营业厅外也设有大客户部、商业客户部等;日用品也开始采
用直销的方法等。特别是对于大客户,大家不再是坐在"家"里等着
大客户的到来,而是主动出击去寻找,比如保险行业等。被动式营销
意味着自己的命运不能掌握在自己的手中,而是掌握在渠道、分销
商、竞争对手和客户的手中,自己几乎没有主动权,只有想办法利用
促销和价格战的方法,才能在市场上占有一席之地。比如,现在的家
电制造商几乎无权制定家电的价格,价格掌握在几个大的经销商手
中,原因之一就是缺少行业联盟,导致行业内部的恶性竞争;原因之
二是经销商垄断,迫使厂商降低价格和利润。为了改变这种局面,除
了通过建立和加强行业联盟减少恶意竞争外,还要变被动式营销为主
动式营销。企业只有掌握了终端客户群,才能自己掌握自己的命运。

≫ "周庄为何被封杀"

曾经有一段时间各大旅游景点统一采取价格上调策略,周庄
也跟着凑热闹将价格调高了,结果伤害了旅游公司的利益,几乎
所有的原来计划组团去周庄的旅游公司都改道去了其他的地方。
因为周庄不像黄山或者秦始皇兵马俑,不具有不可代替性,价格

对需求的影响非常大。

再看 2006 年北京出租车价格统一上调（从每公里 1.2 元、每公里 1.6 元统一上调到每公里 2.00 元），上调之初确实导致了乘坐率下降，但是 3 个多月后开始逐步回复到正常状态。主要原因在于，虽然北京有近百家出租车企业，但是价格却由国家统一掌管，同行业之间建立起了一个联盟，避免了同行业间恶劣的价格争夺战。

从这则案例我们可以看出，周庄采取的不是主动营销模式，加之产品并不是不可替代的产品，所以尽管建立了行业联盟，但是没有变被动式营销为主动式营销，结果导致失败。因此，在制订营销计划时，一定要慎重，要仔细分析，考虑周到。

≫ 加强行业联盟，避免恶意竞争

在我们国家的银行之间也存在着竞争，但是银行之间的竞争主要是客户服务方面的竞争，而不是恶意的市场价格的竞争。因为所有银行的汇率基本上是由人民银行按照市场的变化统一制定的。但是在通信行业，几家运营商却常常在价格战上打得头破血流，而且常常进行恶意竞争，比如各家的技术越来越好，可是互联互通却越来越差，或者联而不通。当接入到其他运营商的网络时，经常会延迟几秒钟。另外，不同运营商之间还有相互掐断电缆的现象。如何避免此类恶意竞争屡屡发生呢？专家建议按照成本核算，由行业联盟或者相关的政府部门制定合理的价格，然后运营商之间通过服务的竞争提高竞争优势。

客户也疯狂 | 培育"粉丝"客户的
服务与营销技巧

第五章
营销模式与客户管理

在给不同的行业或企业做内训或讲公开课时，大家普遍反映客户服务相对而言较容易理解和执行，而客户服务运营管理则不然。的确如此，客户服务运营管理不是一句两句话便可以概括的，因为听众来自于各个不同的行业、各种不同运营模式的企业，有的行业是以被动营销为主，有的是以主动营销为主，这两种营销模式的客户运营管理是截然不同的。

一、被动式营销的客户管理

被动式营销的企业的大部分客户都是个体客户或者个人客户，所以我们在这里先简单讲解被动式营销的客户管理。被动式营销首先需要的是有顾客群（注意：我们将被动式营销的客人称为顾客，而将主动式营销的客人称为客户），没有顾客还谈什么客户运营管理。

（一）被动式营销的顾客吸引

被动式营销一般指顾客主动登门拜访，商场、专卖店、连锁店、饭店等是典型的被动式营销。这类企业如何吸引顾客呢？除了通过在报纸、电视上登促销广告、印制促销宣传册、挂促销标语、新产品上市或新店开张的打折活动等手段吸引顾客外，还可以安排固定和不固定的班车接送顾客以吸引更多的潜在顾客。

（二）被动式营销的信息收集

客户信息通常可分为两大类：背景信息和行为信息。它们直接反映个人或企业的身份、背景以及消费行为习惯，对于进一步进行市场分析、客户细分和有效促销是必不可少的。

》 收集顾客信息的常用方法

会员卡：对于经常光顾的顾客，以给顾客积分、打折、优惠为名，请顾客填上自己的基本信息；

客户俱乐部：通过聚集顾客举办一些顾客喜欢的活动，比如积分、打折、贵宾增值服务等获取顾客的基本信息；

与其他合作伙伴联盟：比如和银联卡合作推出信用卡，和健身俱乐部共同推出健身卡，通过方便顾客消费获得顾客的基本信息；

抽奖促销：开展抽奖促销活动，让顾客凭填写好的基本信息调查表，参加抽奖，每个消费者都可能获得一份小奖品；

售后服务：产品卖出后还需提供相应的售后服务，如产品咨询、维修等，可以在提供这些服务时顺便索要顾客的信息。

大家可能非常关心收集顾客的什么信息，这里我们将顾客分为初次接触的顾客和多次接触的顾客分别阐述。对于第一次接触的顾客，通常先收集最简单的基本信息，当然收集的信息越多，对以后的分析、营销就越有用。因此，除了需要获得最基本的信息外，还要获得顾客的专业、婚姻状况、是否有小孩、爱好、餐饮习惯、偏爱的通信方式、何时适合沟通和交流，以及顾客最关心的问题等扩充信息。

掌握了上述各类顾客的相关信息之后，就要对信息进行分析，找出其中哪些会成为常顾客，常顾客中又会有哪些可能成为钻石卡顾客、金卡顾客、银卡顾客，或者仅仅只是普通顾客，以便帮助我们做出正确合理的决策。

》 "24501534" 定律

作者在深圳一家著名的房地产公司做前期调研时，了解到一个非常有意思的"24501534"定律。什么叫"24501534"定律呢？

根据当时的调研结果显示，在深圳，一般在报纸上登一版房地产的广告费用需要24万元，这24万元的广告费可以带来50个垂询电话，在50个垂询电话中会有15个客户前来看房，在15个看房的潜在客户中会有3个客户成交。现在问，平均每户需要多少广告费呢？很简单，大家很快就能计算出每户需要8万元广告费。但是很遗憾，答案应该是4万元，为什么是4万元呢？我们知道，广告不仅仅是为了马上把房子卖出去，还为了做品牌推广，这里我们按照50%的比例分摊，那么每户的广告费用就是4万元。

大家一定很想知道，这24万元的广告费用投入到底值不值得？能否不要做或者少做广告就可以将房子卖出去？能否不要进行市场调研，企业就可以获得市场需求信息？当然可以。举个例子，按照该定律推算，成交的客户有3个，看房的客户有15个，打电话的客户有50个，三者之间的比为3∶15∶50。假如一个新楼盘有300套房子待售，那么前来看房的客户就应该有1500个，打电话咨询的客户应该有5000个。在这1500个客户中成交的仅仅300个，那么其余的1200个客户为什么没有成交呢？是因为价钱太高？户型不对？风水不好？还是对服务不满意呢？是否有什么实质性的建议呢？

如果能将这些潜在客户的信息收集并且集中管理起来，在新楼盘的开发过程中把潜在客户对户型、层高、小区环境等方面的建议考虑进去，那么新楼盘的开发必然会取得成功。这样不仅为企业节省了许多市场调研费用，而且在新楼盘上市后，他们就是新楼盘的潜在客户群。这就做到了销售有的放矢，直接将销售目标锁定到潜在客户的身上。也许有些人会问："等新的楼盘开盘时，原来的很多客户已经购买了其他的楼盘，怎么办？"当然这样的情况肯定是存在的，但是如果在潜在客户中有 50% 还没有购置新房，那么就应该还有 600 个是我们的目标客户，这样还是可以节省很多广告费，而且还可以加快销售的进度。

由此可见，成交的客户是企业的资源，没有成交的潜在客户同样也是企业的资源，它们对企业未来的发展至关重要，我们一定要想办法将这些信息收集并保护起来！

方 法 与 技 巧

掌握客户信息的小技巧：

·姓名

·通信地址

·联系电话（可以从手机号或座机号大概了解到客户的常驻城市甚至具体到某地区，从而估算该客户成为大客户的几率。）

·身份证号码（出生地、出生年月日和性别等信息都暗含在身份证号码中。第 1 位到第 6 位为出生地，从第 7 位到第 14 位为出生年月日，倒数第二位表示性别，奇数为男，偶数为女。）

≫ 如何使用客户信息系统

陈先生想订购一份比萨，下面是他和比萨店客户服务中心人员的一段对话：

顾客：你好，我想要……

客服：先生，请把您的会员卡号告诉我。

顾客：16846146＊＊＊

客服：陈先生，您好，您是住在泉州路一号 12 楼 1205 室，您的电话是 2646＊＊＊＊，您的公司电话是 4666＊＊＊＊，您的手机号是 1391234＊＊＊＊。请问您想用哪一部电话付费？

顾客：你为什么知道我所有的电话号码？

客服：陈先生，因为我们联机到 CRM 系统。

顾客：我想要一份海鲜比萨。

客服：陈先生，海鲜比萨不适合您。

顾客：为什么？

客服：根据您的医疗记录，您的血压和胆固醇偏高。

顾客：那……你们有什么可以推荐的？

客服：您可以试试我们的低脂健康比萨。

顾客：你怎么知道我会喜欢吃这种比萨？

客服：因为您上星期一在中央图书馆借了一本《低脂健康食谱》。

顾客：好……那我要一个家庭特大号，多少钱？

客服：99 元，这个足够您一家 6 口吃了，您母亲应该少吃，因为她上个月刚刚做了心脏搭桥手术，正处在恢复期。

顾客：可以刷卡吗？

客服：陈先生，对不起，请您付现款，因为您的信用卡已经刷爆了，您现在还欠银行 4807 元，而且还不包括房贷利息。

顾客：那我先去附近的提款机提款。

客服：陈先生，根据您的银行卡使用记录，您已经超过了今日的提款限额。

顾客：算了，那直接送到我家吧，家里有现金。你们多久会送到？

客服：大约 30 分钟。如果您不想等，可以自己骑车过来取。

顾客：为什么？

客服：根据 CRM 系统的全球定位系统里车辆行驶自动跟踪

系统记录，您有一辆车号为 SB-74748 的摩托车，目前位置在解放路东段华联商场右侧。

顾客：我……

客服：陈先生，请您说话小心一点，您曾在 2002 年 4 月 1 日用脏话侮辱警察，被判 10 天拘役，罚款 2000 元，如果您不想重蹈覆辙，就请您礼貌回复。

顾客：……

客服：请问还需要什么吗？

顾客：没有了，再送 3 罐可乐。

客服：不过根据您在 CRM 系统的记录，您有糖尿病，并且 6 月 12 日曾去第三医院做过检查，您的空腹血糖值为 7.8（140），餐后两小时血糖值为 11.1（200），糖化血红蛋白……

顾客：算了，我什么都不要了！这份比萨也不要了！

客服：谢谢您的电话光临，下星期三是您太太的生日，您不想预订一份生日比萨吗？提前一周预订可以享受八折优惠。如果方便的话，您可以……您还可以……

看了上面的故事以后，让人感到害怕，当然这是一个虚拟的场景。但是从另一个角度思考一下，如果企业没有充分掌握客户的信息，第一，销售人员将不能很好地为客户进行服务。因为不了解客户的喜好、爱好，当然就很难进行一对一的服务或咨询式销售。第二，不能合理地为企业减少风险。比如客户的信用度非常低时，企业就可以采取适当的措施尽量降低企业的风险。但是，凡事皆有正负，客户关系管理做得越充分，掌握的客户信息越细致，客户的隐私也就越少，会引起客户的反感。但是如果我们能够合情合理合法地应用它们，那么不仅可以为企业规避风险，更重要的是能够为客户提供全面周到的服务。

（三）客户细分

如何进行客户细分？首先，我们要将客户划分成两大类：常顾客和偶尔光顾的顾客。一般情况下，常顾客多为那些往来方便、经常光顾的消费者，比如商场的常顾客可能多为附近的住户，中国国际航空公司的常旅客可能聚集在北京的较多，东方航空公司的常旅客聚集在上海的较多等。由于这两家航空公司的地理位置和定位不同，在北京，中国国际航空公司覆盖的航班多一些，而上海东方航空公司覆盖的范围则相对小一些。东航要在北京多发展常旅客，就需要花费更多的时间研究分析北京常顾客和路过顾客的比例、他们的特征，挖掘出他们的最大购买潜力。

接下来我们可以根据顾客的消费信息，消费的量，计算出这些顾客为企业带来的利润并据此将顾客进行分类，比如将顾客分为普通顾客、银卡顾客、金卡顾客和钻石卡顾客。针对不同类型的顾客采取不同的服务模式。商家喜欢"有钱人"，但是更喜欢"贡献度"大的顾客。

（四）客户服务

企业管理里面有一条著名的 20/80 原则，即 20% 的客户可以为企业带来 80% 的效益。那么如何通过这 20% 的客户为企业带来更大的利益呢？对于不同类型的客户，企业应该采取不同的服务模式。比如在中国国际航空公司，金卡客户就可以获得 125% 的积分，可以享受头等舱的休息室，在那里早上有免费的早餐，另外还提供各种饮料。在贵宾室还提供免费上网、手机充电等服务，而且可以享受提前登机，有专门的 VIP 专车接送登机等服务，在一些地方还设有专门的安检门，以便快速通过安检。此外，当需要更改航班时，VIP 客户享受优先办理权等。

为了享受优质的服务，客户往往会优先选乘自己能享受某些特殊待遇的航空公司的航班，这样也就实现了客户绑定，避免了优质客户的流失。

（五）投诉处理

客户投诉一般源于客户对产品或者服务的不满，因此企业从长远利益考虑决不可随意应付了之，务必慎重对待。客户服务的宗旨就是要让所有客户满意，让他们感受到方便、舒适和受尊重。然而客户不是一个人，而是一群人，他们是由不同年龄段、不同学历、不同职业、不同背景、不同经历、不同心态和素质的人组成的一个混合群体。要想让人人都满意，人人都忠诚，并不是一件非常容易的事情，所以每个客户服务人员要有一定的心理学知识储备，而且要学会观察，从而才能更好地满足不同客户的不同需求。如果客户仍然有不满，那么客户服务人员要认真听取他们的意见和建议，站在客户的角度考虑问题，多为客户着想。

》 辞退是成功的起点

记得在《读者》中读到过这样一个故事，一位老人到商场里买东西，买完到收银台结账时，他给了收银员100元，收银员找零了，可是老人说没有，而收银员坚持说已经找了。最后没有办法，收银员要求看录像，从录像中看到，收银员确实找零了，但是接钱的不是这位老人，而是另外一个顾客。当老板知道事情的经过后，先给老人找了钱，然后要求自己的收银员马上离开公司。收银员非常委屈，但是老板对他讲：年轻人，你想一想，如果这位老人把事情讲给他的亲戚、朋友听，假设他的亲戚朋友中有5人受到了影响，并且又各自转述给他们的5位朋友听，这样受影响的就是25人，如果这25人每个月到商场消费一次，每次消费 50 元，那么每个月的消费就是 1250 元。如果因为受到老人的影响，这些人不再光顾商场，那么商场每个月至少将少收入 1250 元。假如这 25 个人每人再告诉他们的 5 个朋友，商场的损失就更大了。十年以后，在一次总裁论坛上，当年的收银员和老板再次相见，收银员递上自己的名片，他已然是某大商场连锁店总裁，他非常感激自己原来的老板，是他使得自己取得了如此辉煌的成就。

二、主动式营销的客户管理

很多企业的老板总是对销售人员的工作不满，抱怨他们在收集客户的反馈信息、投诉的缘由等方面工作做不到位。分析其原因，主要是由于职责、职能、绩效考核以及企业营销组织结构不合理导致的。很多销售人员从来就没有把收集客户的反馈信息当作自己的分内工作，他们最关心的就是将产品卖出去和收回货款。之所以如此，是因为绩效考核中没有信息收集和管理这项指标；即使他们将收集的信息提交给了公司，公司也没有安排专人负责收集、整理、分析。下面我们就来探讨主动式营销的组织结构及职责职能的划分。

（一）营销部门的组织结构和职责职能划分

一般情况下，如果一个企业的规模不大，比如一共有员工 30 ~ 40 人，销售人员仅仅只有几个，这时企业就可能存在销售人员、市场人员和客户服务人员职能、职责划分不清的问题。销售人员可能身兼数职，既是销售又是客服，还是市场策划和执行人员。如果企业的规模较大，那么企业的组织结构也就会复杂一些。规模较大的企业的营销部门一般分为三大部分：市场部门、销售部门、客户服务部门。很多

企业根本就没有设立专门的市场部门，即便有，与销售部门的职责职
能也没有划分清楚。在我培训过的很多企业里面，认识到应该有自己
的市场部门的企业不在少数，但也只是认为市场部就是做广告和宣传
的。那么，企业的市场、销售、服务三大部门，其主要职责到底是什
么呢？弄清楚各部门的职责职能，是我们做好客户管理的基本前提。

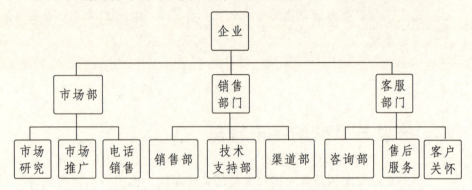

图 5－1　营销部门的组织结构和责职能划分

1. 市场部门

市场部门一般有三个职责：市场推广、市场研究、电话营销。

（1）市场推广

有的企业单独就此成立一个部门，下属于市场部。这个部门的主
要职责是推广公司的品牌，进行市场宣传，例如刊登广告、举行新产
品发布会、开展行业研讨会、进行全国巡展、参加和企业相关的论
坛、邀请媒体（报纸、电视、网络、杂志、协会）记者采访公司相关
人员、发表行业解决方案、成功案例、公司形象等。通过这些市场活
动，为销售部门带来销售机会，提高企业品牌、产品的知名度，并将
市场活动产生的销售机会及时提交给销售人员以及相关的销售主管。

（2）市场研究

下属于市场部门，主要职责是对市场进行分析，研究市场的动

向，分析竞争对手的策略、产品特性、销售群体、跟踪竞争对手的老总和市场活动重点，制定企业营销战略，收集客户需求和反馈信息（主要来自于销售部门和客户服务部门等），总结产品或者解决方案存在的劣势，配合销售部门和技术支持部门，将客户对产品的反馈意见及时提交给产品研发部门，将市场的反馈及时提交给销售部门。

（3）电话营销

下属于市场部门，有的企业将其归属于销售部门或者服务部门。其主要职责就是通过电话、电子邮件、直邮的杂志等直接和客户联系，挖掘潜在销售机会，并将这些销售机会反馈给销售部门。

市场部受营销总监领导，直接向营销总监报告工作。

1. 部门职责

全力做好市场开发与市场研究工作，为公司销售目标的实现提供帮助：

（1）围绕公司销售目标拟定市场开发计划；

（2）现有市场分析和未来市场预测；

（3）营销信息库的建立和维护；

（4）消费者心理和行为调查；

（5）消费趋势预测；

（6）品牌推广、消费引导；

（7）竞争对手分析与监控；

（8）渠道调研；

（9）会同企划部制定营销、产品、促销、形象等企划案，并与销售部、客户部共同实施；

（10）现有产品研究和新产品市场预测；

（11）为公司新产品开发提供市场资料；

（12）其他相关职责。

2. 部门权力

（1）有权参与公司营销政策的制定；

（2）有权参与年度、季度、月度营销计划的制订，并提出意见和建议；

（3）有对破坏公司市场形象的行为提请处罚的权力；

（4）对部门内部员工考核的权力；
（5）对各办事处销售经理、销售人员考核的参与权；
（6）对部门内部员工聘任、解聘的建议权；
（7）部门内部工作开展的自主权；
（8）要求相关部门配合相关工作的权力；
（9）其他相关权力。

图 5 - 2　市场部的职责职能划分

2. 销售部门

销售部门一般也有三个职责：直接销售、渠道销售、联盟销售。为了确保销售人员分工明确，为了配合复杂产品或者解决方案的销售，还需要设立一个技术支持部门。

（1）直接销售

下属于销售部门，通过直接和客户联系，面对面地和客户交流，发现客户有问题或头痛的地方，直接给客户提交解决方案，实现一对一营销。直接销售的职责是发现机会客户、跟踪机会客户、为客户提交解决方案、说服客户购买产品或者服务、和客户进行谈判、签订合同、帮助财务部门收回回款。

（2）渠道销售

下属于销售部门，主要是发展渠道、合作伙伴、分销商，制定分销商的策略、政策，和分销商、合作伙伴、联盟签订合作合同，解决合作伙伴之间的冲突和矛盾，帮助合作伙伴进行产品销售，协助财务部门收回渠道的销售回款。

（3）联盟销售

下属于销售部门，主要职责是发展行业战略合作伙伴，推销的不一定是产品，也可以是概念和解决方案。比如，很多 IT 公司通过和德勤、埃森哲、毕博、普华永道合作，进行战略联盟，以争取大的客户。

(4) 技术支持

下属于销售部门,有些企业单独成立一个技术部门,主要负责给销售人员、市场部提供产品、解决方案等方面的支持,目的是共同完成销售任务。

销售部受营销总监领导,直接向营销总监报告工作。

1. 部门职责

全力负责公司销售工作,完成公司销售目标:

(1) 围绕公司下达的销售目标拟写营销方针和策略计划;

(2) 制定行业或者地域销售规划和策略;

(3) 招聘销售人员、建设高效的销售团队;

(4) 收集客户的信息,跟踪潜在的客户;

(5) 组织、策划销售项目;

(6) 组织货物发运;

(7) 组织货款催收;

(8) 受理退货;

(9) 指导和监督各驻外办事处的工作;

(10) 考核各驻外办事处的业绩;

(11) 产成品存量控制,提高存货周转率;

(12) 销售员营销技能培训;

(13) 配合市场部实施促销方案;

(14) 收集客户反馈信息,并反馈给市场部;

(15) 其他相关职责。

2. 部门权力

(1) 有权参与公司营销政策的制定;

(2) 有权参与年度、季度、月度营销计划的制订,并提出意见和建议;

(3) 对部门内部员工考核的权力;

> （4）对各办事处销售经理、销售员考核的权力；
>
> （5）对部门内部员工聘任、解聘的建议权；
>
> （6）部门内部员工作开展的自主权；
>
> （7）要求相关部门配合相关工作的权力；
>
> （8）其他相关权力。

图 5 - 3　销售部的职责职能划分

3. 服务部门

服务部门一般也有三个主要职责：业务咨询、售后服务、客户关怀。

（1）业务咨询：下属于客户服务部门，主要职责是通过电话、电子邮件、短信、传真等回答客户的业务咨询，包括产品的性能、分销商的地址，以及客户提出的任何有关企业、产品、服务、形象等的问题，因此，负责业务咨询的工作人员必须对公司的业务非常熟悉，要有客户咨询问题的回复标准。此外，他们主要面对的是潜在的客户。

（2）售后服务：下属于客户服务部门，主要职责是处理客户的投诉、建议，回答客户的质疑和问题，主要面对的是成交的客户。接受客户的投诉和建议，分派维修、检查任务等。

（3）客户关怀：下属于客户服务部门，主要职责是对于成交客户、进行定期的电话回访、及时发现客户存在的共同问题，主动和客户进行沟通、关怀，将客户的不满消灭在潜伏期，让客户更加满意。

客户部受营销总监领导，直接向营销总监报告工作。

1. 部门职责

建立与客户良好的合作关系，为实现公司的销售目标提供帮助：

（1）围绕公司销售目标，拟写客户开发计划；

（2）客户分析与行为调查；

（3）客户资料库的建立与维护；

（4）售后服务；

（5）客户联谊与客户访问；

（6）客户需求调查；

（7）受理客户投诉；

（8）代理商和经销商管理；

（9）客户信用分析与调查；

（10）新客户开发；

（11）收集客户信息，并反馈给市场部；

（12）其他相关职责。

2. 部门权力

（1）有权参与公司营销政策的制定；

（2）有权参与年度、季度、月度营销计划的制订，并提出意见和建议；

（3）对破坏客户关系的行为和过失提请处罚的权力；

（4）部门内部员工考核的权力；

（5）各办事处销售经理、销售员考核的参与权；

（6）部门内部员工聘任、解聘的建议权；

（7）部门内部工作开展的自主权；

（8）要求相关部门配合相关工作的权力；

（9）其他相关权力。

图 5—4　客户部的职责职能划分

（二）营销部门的管理模式

企业的主打产品或服务不同，其组织管理模式也不同，有的采用行业模式，有的采用地域模式，有的采用混合模式。在大部分情况下，企业采取的均为混合模式，一般首先将中国分成 4 个大区：华北、华东、华南、华西，各个区域的总部一般分别设在北京、上海、广州、成都；然后在这些地区再按照行业分类，比如电信行业、金融行业（银行、保险、证券、基金等）、政府行业（政府、海关、税务、石油、石化、环保、卫生、教育等）、制造行业、交通运输行业（航空、铁路）、电力行业等。

无论有多少个分区和多少分属行业，每个销售都只归属于某一个地域和某一个行业，销售人员只对自己所属地域和行业的客户负责。如果有跨区域的情形，一定要上报其他区域的销售主管，然后由该区域的销售主管再将客户分配给对应的销售人员。当然，如果和其他区域的销售人员关系非常密切，也可以直接和他们互相配合进行销售，其销售业绩可以按照事先约定的比例分成。

很多情况下，渠道销售和直销常常会"打仗"。为了避免双方抢单、互相压价，保证企业的共同利益，大部分的企业采取的是双方都算销售业绩，但是销售提成可以采用双方各75%的模式，这样看起来公司多给了50%的提成，但是保证了项目不会因自己内部的"打架"而丢掉。

（三）客户管理的流程

1. 机会客户的来源

客户管理自然离不开客户，那么客户从哪里来？一般情况下，机会客户主要来自于：

（1）因为市场活动而对我们的产品或者服务感兴趣的客户（来自于市场活动）；

（2）电话销售部门通过直邮、电话、电子邮件带来的潜在客户（来自于电话销售）；

（3）通过广告、宣传了解到有关信息，并且对产品或者服务感兴趣，打电话咨询的潜在客户（来自于客户服务部门）；

（4）通过网站和我们直接联系的客户（来自于营销部门）；

（5）销售人员直接联系自己以前熟悉的客户，制造销售的机会（来自于直接销售人员）；

（6）分销商和客户接触获得销售机会（来自于渠道）；

（7）通过战略联盟和客户打交道时产生的销售机会（来自于联盟）；

（8）已经成交的客户还需要了解其他产品或者服务而直接和咨询部门联系（来自于客户服务部门）；

（9）客户投诉带来的销售机会，大部分客户投诉表明客户希望产品或服务得到进一步改进（来自于客户服务部门）；

（10）通过很多其他的渠道、竞争对手获得的销售机会（来自于销售或者市场）。

现在我们再来回顾一下企业盈利的价值链：企业的目标是盈利，而要想盈利，就要有客户来购买我们的产品或者服务；客户要想购买产品或者服务，就必须和销售人员打交道，签订合同；要想签订合同，销售人员一定要获得机会客户，机会客户从哪里来？当然市场活动等是获得机会客户的主要来源。所以，为了给企业带来更多的机会客户，市场活动必须有力、有效。

2. 如何使市场活动更有效

市场活动的目标是什么？有两个：一是推广企业的品牌，二是获得更多的销售机会。下面我们以市场部门举办一次市场活动为例，讲述如何将市场活动做得更有效。

》 如何举办市场活动

为了举办行业解决方案研讨会，市场部门首先要做计划和预算（包括场地租用费用、茶点或者用餐费用、礼品费用、邀请专家的食宿、交通费用、娱乐活动费用、宣传资料的印制费用等），提交活动报告，在报告中要写清市场活动的目的，邀请参加的人员，大会的主题，举办的时间、地点，大会的议程，大会报告的主讲人和演讲题目。

等申请审批完后，一定要和销售部门合作，向电话营销人员提供自己邀请的嘉宾名单，当然销售人员也要协助邀请与会代表，最后由电话营销人员落实确认。

在会议之前，一定要和主讲嘉宾落实演讲的内容，准备好演讲的材料和会议发放的公司宣传材料，一定要事先准备好活动反馈表和一些小礼品、签到册。同时还要和与会嘉宾落实是否收到了邀请函，和他们确认会议的地点、时间等。要事先布置好会场（包括会场的背景板、灯光、讲台上的鲜花、投影仪、音响、会议材料、激光笔、无线遥控器、笔和纸、贵宾休息接待室、茶点、签到的工作人员、名片），演讲所用的电脑要事先进行测试，重大的、重要的活动还需进行彩排（包括灯光、音响的配合）。如果提供午餐或者晚餐，还需要事先落实好用餐的地点、时间、人数和费用。

如何使市场活动更有效？

＊主题要明确，吸引人。可以邀请一些国际化的咨询公司一起搞活动。

＊邀请有关的记者和媒体参加，一定要事先给媒体准备好关于活动的主题和内容的文字材料，以便他们及时地报道。

＊可以附加一些小活动，如抽奖、表演、发放礼品等。

＊邀请同行的知名客户参加，并演讲成功案例。

＊在会议结束时，与会人员提交反馈表①换取精美的礼品。

＊尽量邀请潜在客户的决策者前来参加。

3. 抓住每一次市场活动带来的销售机会

不管是通过市场活动、电话营销，还是客户服务产生的销售机会、获得的客户信息，一定要填写到销售系统中。那么这些信息谁来填写呢？当然要看信息是从哪里得到的。如果是通过一次市场活动得到的，那么该销售机会一定是由电话营销部门填入到销售系统中（有的企业叫 CRM 系统）。填写的信息包括客户企业的名称、联络人、联系方式、机会的状态（紧迫程度 A、B、C、D），以及该销售机会是谁争取到的，从哪里获得的（某次活动、某个广告、朋友介绍、推广会等），这些指标都非常重要，是用来衡量市场活动的有效性的。当

---

① 注：反馈表要包括客户的基本信息、有关使用过的产品的调研、是否对此次活动感兴趣、是否需要我们的产品或者方案。在客户需求一栏还要写明需求的程度，一般按紧迫程序分为 A、B、C、D 四类，其中，A 表示客户有紧迫需求，表示这是最好的销售机会；B 表示客户有较紧迫的需求；C 表示客户可能有需求，不紧迫；D 表示客户已经有了这类产品，不再有购买需要。

这些销售机会填入销售系统之后，相关的销售人员就会收到电子邮件或者短信，告知有了新的销售机会在他的销售系统中。

4. 销售机会的自动分配及其"激活"

任何一个销售机会产生以后，相关的销售人员都会得到信息通知，这是因为在填写信息时，系统自动按照潜在机会客户的所在地区和所属行业，分派给相关的销售人员以及该销售人员的老板，以进行监督。销售人员每周必须至少进入系统一次，当销售人员进入到销售系统时，就会看到这些潜在客户的信息。很多的企业要求销售人员在每周四晚上12点前完成销售系统的更新和管理，因为销售主管一般要在周五或者周末完成所有他管辖的区域和行业的销售业绩总结和预测，时刻把握销售情况。如果销售人员没有点击看到销售机会，那么这个机会就处在"睡眠"状态，只有销售人员点击观察了这个信息，这个客户才会被"激活"。如果销售人员三天不"激活"该销售机会，系统就会发电子邮件给该销售人员，要求他尽快"激活"此次销售的机会。如果一周内还是没有"激活"，该系统就会发电子邮件向他的老板、该客户信息建立者"告状"，这时，销售人员的业绩相应地就会被扣去"一分"。只有当销售人员激活了销售机会，市场活动才算取得了初步的成效。市场活动效果的考核指标之一就是这次活动给企业带来了多少销售机会，这些销售机会一旦被"激活"就算一个有效的机会。但是，如果只计算销售机会的多少，不考虑机会的成功签约率，那么就不能保证市场部门随意填写销售机会就有可能。为了避免绩效考核的漏洞，市场部门还必须根据一系列判断标准，来判断所获得的销售机会是属于状态"A"还是"B"，或者"C"、"D"，以尽可能提高成功签约率。

　　衡量市场活动有效性的重要指标是潜在机会客户的个数和市场活动产生的机会客户的成交率。

5. 客户管理的"漏斗原则"

　　在销售的过程中，市场人员、客户服务人员和销售人员都会遇到销售机会，但是每一个销售机会都需要某个指定的销售人员去"激活"认可。销售机会被激活认可以后，该销售机会就由该销售人员跟踪，后面的销售推动、状态的改变、客户信息的进一步收集等都由该销售人员负责，其他人员没有权利修改。销售主管、销售总监等可以看到自己下属的所有销售机会和信息，并且每周都要做销售统计和分析。

　　在销售过程中，过程管理是非常重要的。在很多情况下，老板很关心销售的结果，关心"数字"，每周都会问销售人员本周能拿回来多少单子，数额多大等等。其实上司更应该关心销售人员的每个项目到了什么阶段，状态如何？有没有还未解决的"小红旗"①？如何帮助销售人员认识问题、解决问题？这时老板就应该是销售人员的"参谋"、"军师"。

　　其实销售人员的老板，特别是销售主管或者销售总监，最关心的是四个数字：一是销售任务，二是预测，三是承诺，四是完成的结果。首先，任务是老板分配给销售人员的，但是销售人员一定要和老板共同讨论，尽量做到目标切实可行。如果任务目标订太高，提成制度又不完善，销售人员会产生一种抵触情绪；但是，如果任务目标订

---

　　① 注："小红旗"是指对销售过程中发现的问题用小红旗进行标志，详细定义和使用方法见鲁百年《大客户战略营销》北京大学出版社，2006 年 7 月。

得太低，对企业又不一定有利。其次，预测是如何实现的呢？一般是按照销售的进度、现有机会、客户的状态决定的，在每个月初或者季度初，每个销售人员都要向他的上司汇报他的预测和承诺。预测是一个预估的数字，它会随着时间的变化不断调整。因为每个下属都要向他的上司提前承诺本月或者本季度能完成多少销售额，如果某个人的承诺出了问题，就会产生连锁反应，承诺就变成了一种"欺骗"，所以每个承诺一定要具有一定的事实依据。最后是任务完成的情况，一般情况下，结果不会小于承诺。要想使得每个环节的数字都相对准确和可信，就要有一个很好的工具帮助大家来衡量状态，做好过程管理。如何做好过程管理呢？漏斗原则是一个很好的工具。

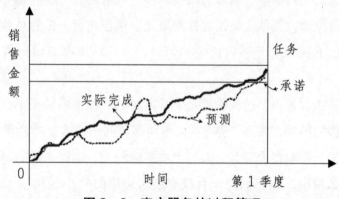

图 5-5　客户服务的过程管理

（1）销售漏斗的定义

销售漏斗也叫销售管道（Pipeline），是一种销售管理工具，适合销售流程比较规范、周期比较长、参与的人比较多的复杂销售过程的管理。它是帮助管理监控销售计划执行和预测未来销售业绩的有效工具；是考核销售人员掌握销售流程的程度的依据，是销售内外部沟通销售状况的标准方式；是帮助决定行动计划优先顺序及销售策略的顾问；同时也能够帮助我们更好地把握客户采购程序，真正做到以客户为中心，从而达到企业与客户双赢。

一般情况下，我们将漏斗分为四大层次：一，有希望成为客户的机会客户；二，可能购买的客户为资格客户；三，漏斗之中慢慢推进将会从资格客户变为成功客户的推进客户；四，明确购买（已签订合同）的成功客户。

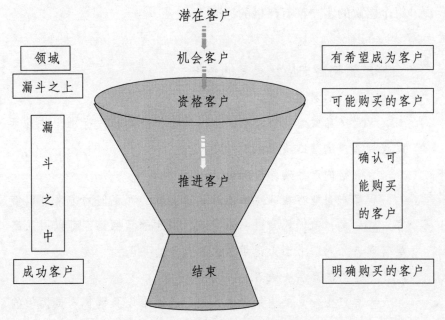

图 5 - 6　漏斗原则示意图

在这整个过程中，漏斗又分为漏斗之上、漏斗之中和漏斗之下。在漏斗之上有一些可能转变成真正有需求的潜在客户，这一部分客户通常是很大的一群，因此销售人员要认真辨别。随着一系列销售活动、工作的开展，通过了销售人员识别的资格客户将会被一步一步推进漏斗当中。但是由于在推进过程中一些条件的限制，客户的数量会越来越少，最终到达漏斗底部的签约客户的数目相对就更少了。销售人员总是希望进入漏斗的客户都能够到达漏斗底部而变为签约客户。

（2）销售漏斗各个阶段的标准

为了更细致地管理漏斗，一般会将漏斗分为几个不同的层次。机会客户是指产品或者服务的销售对象，但是他们不一定有购买需求。资格客户必须是机会客户，而且客户已经有了具体的需求，但是是否能成为销售人员的客户还需要更进一步的努力。推进客户是资格客户，他们还需要进行进一步的教育、培训，将他们变成最终的签约客户。每个层次的客户都有严格的标准。

≫ 合格的资格客户应该具备的条件

*合格的潜在客户。

*对产品或解决方案感兴趣，符合企业的客户标准，并且可以找到客户的关键决策人。

*合格的产品购买影响者。

*客户企业存在一定的困难或者问题，而我们的方案可以使客户感兴趣，他们愿意进一步交流，同意继续探讨，可以引入高层管理者介入，书面上记录客户和企业的共识。

*合格的高层决策者。

*客户企业高层决策者承认他们的困难以及销售人员提供的解决方案能解决他们的问题，愿意同高层继续探讨，可以安排下一步计划，对双方计划达成一定的共识。

*进一步解决未确定的问题。

*评估计划完成情况，进一步审核方案的可行性，要求进行交易。

*对于销售漏斗中的客户，其最终结果有三种可能：失败、签约或者延迟。如果失败，项目结束；签约也是项目结束；延迟就很尴尬了，弃之惋惜，继续下去则又可能需要花费更多的时间和精力。

（3）各个阶段的任务和工作
✦ 潜在客户阶段

所谓潜在客户，就是有可能为我们提供销售机会的客户，他们属于我们的目标客户群。如何将他们推进漏斗里呢？

潜在客户阶段常用的方法

＊通过市场活动，发展潜在客户，邀请这些客户的关键决策者参加由公司举办的或者和第三方机构合办的活动，让他们了解公司、产品、解决方案以及成功案例。

＊发放企业的宣传材料，让客户对公司和产品有更进一步的了解。

＊通过网络发放企业的内部通讯、内刊、杂志等，让客户了解公司和产品。

＊进行电话营销，通过打电话的方式，挖掘潜在客户。

＊通过代理商或者合作伙伴，推广公司的产品和品牌形象，带来潜在客户的信息。

＊销售人员直接拜访，将潜在客户推进漏斗。

如何将这些潜在的客户群推进漏斗成为资格客户呢？一般情况下，我们可以采用"最初价值建议"的手段，具体方法是"利用价值刺激客户的兴趣"，如果客户产生了兴趣，就意味着项目有了一个成功的开始。接下来要进一步获得相关的信息，研究客户的组织架构等。

✥ 资格客户阶段

如何进一步推动进入了漏斗的客户，也就是资格客户呢？一般地，我们多采用"价值销售"的手段。通过交流，使得客户认可项目所能带来的利益和价值，从而顺利地立项。

资格客户阶段常用的方法

＊做专题讲座：包括解决方案和产品功能的演示、演讲等。

*做拜访调研：到客户企业的相关部门做调研，了解组织架构、职能职责、流程、规范等。

*高层拜访：访问高层，制定战略合作模式，双方公认承诺。

◈ 推进客户阶段

推进客户阶段是非常重要的阶段，往往需要一个漫长的时间周期，在这个阶段为了推动项目的进展，往往采用"验证价值"的手段。

》 推进客户阶段常用的方法

*共同撰写解决方案或者建议书：对客户有了充分地了解之后，要为客户着想，在此基础上，撰写并提交项目建议书或者解决方案。

*参观成功案例：为了降低项目的风险，可以邀请客户参观成功案例，与老客户进行交流。

*邀请客户高层参加用户大会：在必要的时候，可以邀请高层参加国内、国际的用户大会，给他们提供一个交流的平台，在会上和自己的同类企业共同学习。

*做概念证明（POC，Proof of Concept）：在万不得已的情况下，可以在客户处做概念证明。这一般是在给客户讲了很多的概念、性能之后，客户希望看到真正的结果，这时就需要将产品拿来做相应的演示，或者在实际环境下使用该产品，以证明所提供的方案确实具有可信性和可行性。

◈ 项目结束阶段

这一阶段是"值得成交"阶段，很多销售人员认为这一阶段是最困难的阶段，因为到了真正"动刀动枪"的阶段，也就是要客户掏钱的时候到了。其实在大客户的战略营销中，如果销售人员做好了前期的策划，这个阶段一般也会迎刃而解，因为在前期已经和客户定好了项目的目标和成本，对成交的价钱也通过事先的探讨达成了共识，而且客户也应该已经了解到可以从项目中获得多少投入回报。

》项目结束阶段常用的方法

*提交标书的内容和评分标准：帮助客户尽快完成标书的书写和评分标准。

*列出标书所需要的材料和要求：可以根据项目的情况，以及参加投标的竞争对手的情况，制定投标的资格。

*谈判：坚持双赢的原则，实现谈判的成功，在必要时可以引入第三方作为项目的合作伙伴，以降低成本或者降低风险。

6. 客户服务管理

当和客户签订合同后，就要给客户交付产品或者服务。在合同中，客户会留下最基本的信息，包括企业名称、地址、联络人、电话号码、交货日期和途径、验收标准、付款条件等。合同经过法律部门的认可后，会交给财务部门负责开发票和收款，发货部门会按照合同要求发货，并且确认销售系统中客户信息的准确性。有些企业的销售系统和客户服务系统是分开的，所以，销售人员或者客服人员就要将客户的信息录入到客服系统。我们在前几章一再强调销售、市场、服务一体化，所以在一个企业中这三个部门应该共享一套系统，只不过因每个部门的权限不同而看到的信息不相同而已。客户服务部门可以看到该客户的基本信息、扩充信息、销售机会的来源、销售人员、销售的日期、购买的产品、销售的地点、部分关键的销售过程、客户投诉的情况、投诉处理的进度和状态等。

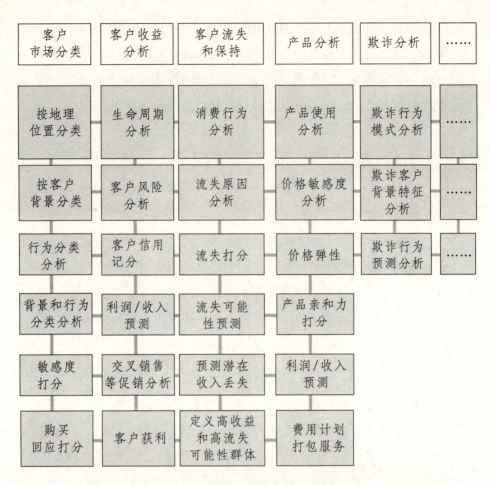

图5-7　漏斗原则的各个阶段

　　只要掌握了客户信息和过程信息，在处理客户投诉问题时，就完全可以避免"踢皮球"现象。当客户第一次投诉时，客户服务代表或者坐席代表就可以从客户打入的电话上了解到客户是谁，坐席代表简单的一句话"你是某某先生吧"就拉近了和客户的距离，降低了客户的不满情绪。当客户第二次打进电话询问时，客服代表就可以知道对于该客户投诉处理的状况，到了什么地步、处理的进展，什么时候答复客户，这样就不会一遍又一遍重复询问客户的姓名、联络方式、是否有需要帮助等问题，而让客户感觉到备受重视和尊重。为了进一步实施对客服人员及其服务水平的监控，以便进行绩效考核，每次客户服务人员服务结束时，都需要请客户对客户服务的满意度进行打分，这样让客户直接监督客户服务的质量，既省劳动力又能获得客户的第一手信息，一举多得。

7. 客户关怀管理

客户服务中心不但要处理客户的投诉和咨询，还要主动关怀客户，主动打电话给客户进行回访。客户服务部门要将每周的客户反馈信息进行统计分析，以便及时发现客户的问题，对于经常出现的问题，客户服务中心要进行分析归类，然后给出一个标准的问题答案。当客户服务人员发现一些问题没有标准答案时，要主动为客户着想，给客户提供一些值得参考的建议，以保证客户满意；对于当时实在解决不了的问题，给客户一个明确的答复期限，然后向其他专业人士寻求更好的答案或处理方法。一定要记住，在承诺的期限内给客户满意的答复。此外，找到了更好的答案和处理方法后，就要迅速将这些方法录入到客户服务系统中去，这样当再有其他客户遇到同样的问题时，系统则会根据客服人员的选择，自动弹出标准答案。

特别地，对于经常性反复出现的问题，客服代表要主动打电话给已经出现问题和已经购买了该产品而存在潜在危险的客户，询问客户的使用情况等，主动表示关怀，以确保客户对我们的服务满意。

（六）客户管理管什么

客户管理到底管什么呢？这是大家最关心的问题，我们在这里总结了7个方面的内容。客户管理是管客户信息的、管服务过程的、管服务成本的、管服务状态的、管客户满意度的、管销售市场服务人员绩效的、管市场分析和营销决策的。

1. 客户管理是管客户信息的

>> 销售系统中应该包含的信息

＊背景信息：企业客户的名称、地址、企业性质（国有、民营、合资、独资、上市公司等）、企业的网站地址等；

＊预测信息：本次销售的产品或（和）服务、预计销售的金额、预计签单的时间等；

＊状态信息：竞争对手、合作伙伴、SWOT 分析、销售状态、输赢原因、客户信息的来源；

＊接触信息：该项目所有相关的影响者（姓名、职务、角色、支持程度、重要性、生日、喜好等）的信息、电话号码、电子邮箱、MSN/QQ；企业中哪个技术人员主要支持；

＊过程信息：什么时间和客户做过哪些活动、提交过什么资料、和客户接触的会议纪要、下一步要做的事宜等。

在上面的所有信息中，销售的状态、预计签单的时间和销售金额是非常重要的，也是销售统计中最关心的三个指标。对于以上这些信息，销售人员应该尽量收集齐全并及时录入到管理系统中去，以便更好地进行后面的销售分析和统计。

2. 客户管理是管服务过程的

不管是市场活动、销售活动，还是售后服务活动，都有自己特定的服务过程。下面我们来看在房地产行业一个客户服务过程管理的案例。

>> 充分利用客户信息，拉近与客户的距离

一位身着红衣的女士开着银色富康车、带着儿子来看房，售

楼处王小姐热情地接待了她，闲谈中王小姐了解到这位张女士需要购买一套三居室的房子，面积大约 120 平方米。听完王小姐的详细介绍后，张女士表示，她很满意，但是还要等她的先生看过后再定。于是，王小姐请张女士留下了联系方式，张女士非常爽快地留下了手机和家中的电话，王小姐看后，认为成交的可能性非常大，为什么？从电话号码判断，张女士的家离在售的楼盘不算太远，大部分客户买房都是选择离自己家或者工作单位较近的地段，以便生活在原来的圈子里方便一些。王小姐及时将客户拜访的过程记录到了销售系统中。

几天后，张女士打电话到售楼处，当时售楼处的王小姐有事回家了，由另一位高小姐接了电话，这时系统马上跳出一系列提示信息：9 月 20 日，身穿红衣服的、开银白色富康车的、带着大约 8 岁的孩子的张女士来看过三居室房子等信息。张女士告诉售楼小姐，她将和她的先生一起来看房子，这时高小姐马上问："您还是开着富康车带着您儿子一起过来吧？"简单的一句话，就拉近了和客户的距离，并且借机告诉客户自己姓高，也穿上次张女士来时穿着的红色衣服，方便找到。这样给客户的感觉就是服务很到位。

为什么能做到这一点呢？这就是因为有过程管理。销售人员把所有的客户资料、客户拜访的过程全部记录到客户系统中，这样不管是原来的接待人员还是其他的接待人员，都可以直接利用客户的状态和基本的信息、资料。

>> 完备的客户信息管理系统，人性化的服务

一客户对某电信运营商的信号不好非常不满，周一打电话给运营商的客服中心，客户服务人员承诺周四前解决问题。到了周三，客户服务中心主动提前打电话联系客户，说："我们已经和

大厦物业联系多次了，将于本周四安装信号接收器，大约到周六可以调试成功，再次对此期间给您造成的不便表示十分抱歉。"这样的模式就非常人性化，也更能让客户满意，但是客户服务中心如何知道当前的服务进行到哪一步了呢？这就要依靠过程管理和提醒功能，如果不能按时解决问题，那么就要在给客户答复前自动提醒客户服务人员，如果能有这么一套智能化的客户关系管理系统，不管客服人员的工作多么繁忙，也不会因为遗忘而导致客户不满了。

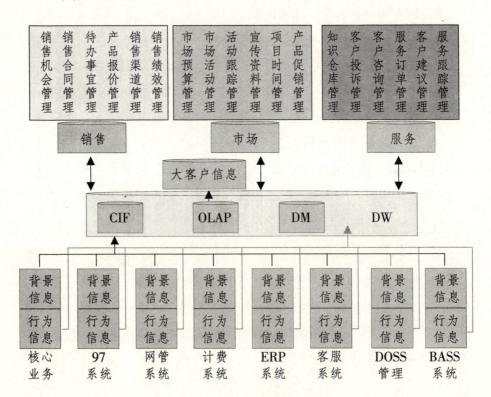

图 5-8 客户管理过程图

如图 5-8 所示，这是一幅客户管理的过程图。在很多企业中，多半不止一套系统在运行，每个系统中可能都有客户背景信息和消费行为信息。以电信行业为例，他们已经正在使用的系统有电信营销系统（97 系统）、网管系统、计费系统、财务的 ERP 系统、客户服务系统、经营分析系统等，在这些系统中都存有客户的背景信息和消费行为信息。前面我们讲过，背景信息包括客户的基本背景信息和扩充背景信息，但是这些信息在各个系统中并不统一，比如在有的系统中将中国人民银行称为人民银行，将中国国际航空公司称为国航；对于个人的信息，有的将性别记为"男"或"女"、有的记为"F"或"M"、有的则记为"0"或"1"等。那么，如何将诸如此类的信息集中起来共享呢？这是大家共同关心的问题，首先我们要建立一个统一的客户信息平台，称为 CIF（Customer Information Foundation），供销售、市场、服务、财务、后勤等各部门共享。

当市场部门的市场活动、电话营销等获得了客户的背景信息或者客户的需求信息时，市场部门就要将这些客户的信息和要求填入系统，然后由系统自动分派给相应的销售人员。但在填写之前，他们首先应该检查该潜在的机会客户是不是我们的签约客户，如果是，就可以看到这个客户的历史信息，比如什么时候购买过我们的产品、什么产品、当时的联系人是谁、现在使用的情况如何？因为由于各种各样的原因（比如销售人员离开岗位、客户购买时间很长、客户从国外购买但在中国使用、客户直接通过渠道购买等），使得企业内没有人了解这些客户的信息，但是有了这套系统就不同了，后来的销售人员也可以通过该系统获得这些宝贵的客户的信息资料。如果市场部门发现该客户的信息已有变更，那么他们就可以直接对该客户的信息进行更新，当然他们的权限是有限制的，无法删除原来的客户信息。如果他们发现这个客户是第一次和我们打交道，那么市场部门就要建立这个客户的信息，并且将客户的需求填入（一定记着填写信息的来源），然后系统会自动将这个销售机会转发给相关的销售人员和他的主管（主管负责监督和协助），并且给该销售人员及其主管发电子邮件，提醒销售人员在限定的时间内将这个潜在的客户"激活"。

　　和市场部人员一样，销售人员也可以获得销售机会，当然首先必须检查该机会是否来自老客户，如果是，那么完善客户信息；如果不是，就要创建一个新的客户明细并进行跟踪。

　　售后服务部门在处理客户咨询和客户服务时，也可以产生销售机会，和销售部门、市场部门一样，首先检查这个机会是否来自老客户，如果是，完善客户信息，如果不是，就要创建这个客户，系统会自动发电子邮件给相关的销售人员及主管。

　　上述就是获得销售机会录入客户信息的流程。对于销售过程的跟踪，我们已经在销售的"漏斗原则"中详细讲过了。下面我们来看看客户服务的相关流程。

　　无论是市场部、销售部、客户服务部接到一个客户的咨询或者投诉时（当然，一般情况下，这些信息应该统一到客户服务中心，但是客户在售中阶段和销售人员比较熟悉，所以也可能经常打电话给销售人员或者其他人员，比如技术支持人员），要保证让客户满意，就必须采取"内转外不转"的服务模式。当服务人员接到客户的请求时，先在系统中查看该客户的相关信息，以客户为中心的系统只需输入客户的唯一代码，系统就会自动弹出客户的基本背景信息和主要消费行为信息。比如，根据系统对客户的分类知道该客户是我们的大客户，对于大客户有大客户的服务模式。这时，服务人员就会以一对一的服务模式和客户进行交流沟通，做出快速的反应。在做客户投诉处理时，系统会将客户的问题自动分类（系统有自动分类模式，但是对于一些棘手的分类，要客户服务人员确认），然后自动分发给相关处理的部门，比如维修部门，接下来维修部门就会根据客户的问题派出合适的人去处理，处理的过程也需要输入到系统中，以便客户再次咨询时给客户一个答复，并且也为了便于进行绩效管理。

3. 客户管理是管服务成本的

对于每个客户服务人员而言，不但要让客户满意，还要注意节约成本。我们知道在一般情况下，客户满意度和客户服务的成本是成正比的，也就是说，客户的满意度越高，客服花费的时间、精力、成本也就越高。那么，如何在保证客户满意的前提下最大化降低客户服务的成本呢？

第一，降低市场调研费用。销售人员掌握着大量的已经成交的和没有成交的客户的资料，如果能对没有成交的原因进行分析，至少我们就不再需要做更多的市场调研，市场调研往往需要耗费大量的时间和费用。另外，通过没有成交的原因分析得出客户对产品的不满、期望在哪方面有所改进等真正的需求信息，从而更有针对性地指导产品研发部进行新产品研发。

第二，降低市场宣传的成本。新产品问世之时，向谁进行新产品推销更有效呢？一般情况下，我们都是通过市场活动，吸引和引导有需求的客户，从中寻找潜在客户。我们知道，在销售系统或者客户关系管理系统中储存着大量的没有成交的客户的信息，潜在客户群实际上就是这些没成交的客户或者已成交的客户。比如在房地产行业，对于客户需要的户型、结构、价位等做深入研究后，再设计开发的新楼盘项目就可以直接推销给原来有需求的，但是户型、价格等不适合他们的未成交的客户。再比如在软件行业，通过客户的反馈信息，我们可以不断完善产品技术，增加新功能、更换新版本，牢牢抓住老客户，让客户更满意。这样，我们就可以削减广告费用，节省出一大笔市场宣传费用。

第三，促进市场活动更有效。我们要求第一个和客户联系的人必须询问客户了解到产品的途径，并将此信息与其他的信息输入客户关系管理系统中。这些信息对市场部和销售管理者是开放权限的，他们可以通过统计知道，什么样的活动才能给企业带来更多的销售机会，从而使得市场活动更加有的放矢，减少不必要的投入。

>> 让事实说话

一个做客户关系管理软件的厂商，在开始做市场活动时，需要考虑通过哪些形式做市场宣传，最终他们决定采用平面广告、机场的路牌广告、产品发布会、参加大型研讨会、发放宣传册等手段。当考虑是否在公交汽车上做广告时，很多人反对，认为公司的产品是面向企业的，不应该采用这样大众化的宣传方式，但是半年后经统计发现，很多客户的信息来源竟然是流动广告。客户告诉公司的有关人员，他们最近对客户关系管理很感兴趣，正好看到公交车每天从自己的眼前驶过，上面写着CRM，所以很自然地将电话号码和联络方式记录下来。人们普遍从直觉上认为在公交汽车上做大型软件广告的作用非常有限，但是其结果并不是这样。实际上，在这家公司所采用的市场宣传办法中，流动广告的性价比是最高的。这就告诉我们，不要试图想当然，要实际调查、观察、分析，要让事实说话。

第四，客户关系管理系统中记录了销售人员的销售过程信息、客户的联络方式等，一旦销售人员因某种原因"跳槽"或者离开了公司，新接任的销售人员马上就可以获得前期的信息，跟进客户。这样就节省了熟悉背景、了解客户的时间，也为企业节约了大量的成本，甚至使得成交加快，并且将销售人员流动的损失降到最低。

第五，分析成交客户，发现他们中的普遍规律，找出哪类客户是我们最大的成交客户群，这样就可以让销售人员将工作的重点转移到这类客户群上，降低客户的销售费用、缩短成交的周期，并且可以将更多的精力放到那些能够给企业带来80%利益的20%的"好"客户身上。这样，在下一步制定市场战略时也更有针对性。

4. 客户管理是管服务状态的

我们知道对于任何一个客户，从刚接触的潜在客户到最后签订合同成为已经成交的客户，是需要一定时间和周期的。在整个过程中，在售前是市场部接触客户最多，在售中是销售人员接触客户最多，成交后是客户服务部门接触客户最多，期间客户的状态是在不断变化的。这里举一个比较直观的例子，比如快递行业，当我们将快件交给快递公司后，不管什么时间都可以通过客户服务电话了解到快件送到什么地方了，还需要多长时间可以送到接受人的手中，这就是对客户服务状态的跟踪。

》 加强预警意识

在电信行业，运营商们如何管理客户的状态，如何判断客户流失呢？主要看 ARPU 值（客户月平均话费）。如果客户以前每个月的平均话费是 800 元，这个月突然降到了 300 元；或者有的客户本来用手机直接通话，突然将所有的电话全部设成了呼叫转移；或者有的客户原来的漫游费很高，最近突然没有了，这些情况都可能是客户流失的先兆。并不是像很多人所认为的，客户流失就是指客户把号注销了。如果这样想，那么我们永远只是事后诸葛亮，总是不断地在下一个月总结上一个月的客户流失量和流失的是哪些客户，永远做的是无用功。

我们最急需要做的不是往回看，而是要有预警意识，要知道哪些客户有流失的迹象，然后有针对性地给予关怀，以挽回可能流失的客户。

5. 客户管理是管客户满意度的

客户管理就是要将市场、销售、服务一体化，统一客户服务中心的口径，实现"内转外不转"的"一站式"客户服务模式，客户咨询、购买、办理手续、签订合同等在一个地方就可以实现，尽量减少不必要的繁复劳动，实现整个企业的客户服务流程一体化，根本目的是提高客户满意度。

6. 客户管理是管员工绩效的

要让客户满意，就要让自己的员工满意。我们知道，员工的绩效考核是提高员工积极性的最直接的方法。绩效指标具有目标导向性，我们希望向哪个方面发展，就制定考核该方面的主要绩效指标（KPI）。市场部门的绩效考核指标除了举办的市场活动的次数、发表的文章数等外，最主要的考核指标就是市场活动带来的机会客户数和这些潜在客户的成交率。对于销售人员的业绩考核（参考《全面企业绩效管理》一书中有关绩效考核的章节），不仅要考核是否完成了销售任务，而且还要和"销售漏斗"这一过程管理相结合。对于客户服务人员，不但要考核处理客户咨询和投诉的数量和处理的时间等指标，还要看客户满意度指标（每次受理完客户服务电话后，都有一个客户的反馈意见）和主动客户服务指标。

》 客户管理与员工绩效

有一家知名的外企遇到了这么一个非常怪的现象：销售人员平均每个月大约能签3到5个合同，每个合同的平均金额为50万元左右，但是所有的合同都是在季度末的最后几天里签订的，在每个季度的前两个月几乎没有订单成交。结果，因为合同扎堆，一到季度末销售人员忙，财务部、法律部也忙，上上下下都忙得不可开交。对于这样的问题该如何处理呢？公司召集相关人员讨论，首先查找导致这个情况的主要原因是什么，结果表明：由于上个季度的合同是在最后几天签订的，大家都很疲劳，都想在下一季度的开头松口气，结果很快两个月就过去了，由此不断恶性循环；其二，客户和合作伙伴总认为在季度末容易获得折扣优惠。他们知道这时销售一定要完成任务，所以可以争取到相对更优惠的价格；其三，销售人员的主动性不强，不是想办法控制项目的进度，一定要在某个时间点签下合同，而是受客户的摆布和控制，直到最后一刻，在任务和老板的重重压力下，才不得不为完成任务想方设法拿下订单。

　　原因找到了，接下来如何调节这个"可怕"的签单高峰呢？首先，一定要想办法调动销售人员的积极性，让大家尽量在季度开始的时候签单。于是，公司将提成方案作了调整：合同总体按照季度衡量，但是每个月完成任务的比例是20%、30%和50%，提成的比例也作了相应的修改：200%、100%、60%。这就告诉销售人员如果把单子全部放到第一个月，那么所拿到的提成将是原来的两倍；如果全部放到第二个月，那么拿到的提成与原来相同；如果全部放到第三个月，那么拿到的提成将只有原来提成的一半多。其实我们计算一下就可以知道（$200\% \times 0.2 + 100\% \times 0.3 + 60\% \times 0.5 = 1$），如果完全按照任务分配的比例签单是没有提成的，这就鼓励大家在前两个月积极签单。

7. 客户管理是帮助企业做决策的

　　当企业已经拥有大量客户的信息时，可以对这些信息进行分析，实现从数据到信息、从信息到知识、从知识到决策、从决策到行动、从行动到利润的过程。

≫ 客户管理可以帮助企业做出正确的决策

　　＊优质客户。从客户的基本信息和行为信息着手分析：有什么特征的客户是使企业盈利最多的客户？企业要将这些客户作为

大客户，应安排指定的大客户经理专门为这类的客户提供服务，还可以成立大客户俱乐部，使得大客户可以享受更多优惠。另外，还可以不定期举办一些答谢活动，让客户真正认为自己是受尊重的贵宾。

*劣质客户。什么样的客户是企业投入成本最多的，但是盈利最差的客户？对于这类客户，能否将其提升为"好"的客户；如果成本很高，是否放弃这类客户？

*交叉销售。哪一类客户购买了公司的某一类产品，但是根据特征分析他们是否属于应该购买另一类产品的客户群？如何进行交叉销售，推广更多的产品给这些客户？

*提升销售。哪一类客户购买了公司老一代的产品？如果公司已经推出了新的替代产品，如何让这类客户购买新的替代产品？

*欺诈行为发现：有一些客户有特殊的消费行为，可能让公司面临很大的风险，如何发现客户的欺诈行为，及时采取行动杜绝欺诈行为的发生？

*信用评级。与客户的背景信息和行为信息有关系，从客户的背景信息了解客户的性质，如企业客户是否是上市公司，个人客户是否是知识分子等，以及客户的消费状态（比如银行客户的还款能力和还款及时性记录、制造业的进货和发货状况等），计算出客户的信用等级，从而知道客户对企业产生的风险度，尽量避免和信用较低的客户打交道。

*产品定价。从客户的消费行为、市场的需求、竞争对手的定位等分析，合理制定产品的价格。

*产品打包。根据不同客户的消费行为和需求分析，选择打包产品，进行促销和优惠。

*市场活动。根据以前举办的市场活动的有效性，以及那些

给企业带来更大的机会客户和成交客户的行为特点分析，定位下次市场活动，这样可以降低成本。

＊亲情计划。根据客户消费群体的不同特征，实行不同的定位，然后在他们之间开展一些有针对性的促销活动，以绑定客户。

对于如何根据客户的背景信息和行为信息分析并制定营销策略，最常用的方法是决策树方法，详见第六章让客户也疯狂的市场策划。

在客户管理过程中，首先要对客户信息进行分析，目的是做好客户细分，合理制定决策。细分不仅仅是对客户消费行为的细分，还包括财务的细分、市场细分、客户类型细分、地区细分等。客户的成本分析也是我们在客户运营管理中应当关心的问题之一，比如按地域分析，哪些地方花的钱少，哪些地方花的钱多？另外，产品分析、回头客的分析以及潜在客户流失的分析等，对于合理制定决策都是非常重要的。

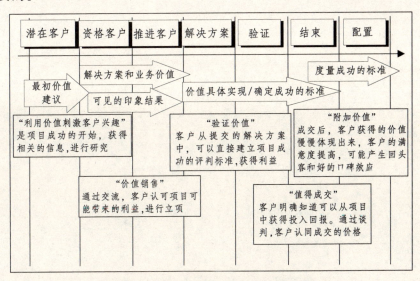

图 5-9　客户管理有助于正确决策

客户也
疯狂 | 培育"粉丝"客户的
服务与营销技巧

第六章

让客户也疯狂的
市场策划

对于某个刚刚上市的产品，在得到了市场认可的前提下，如果该产品出现了供不应求的状况，那么就会产生由客户需求导致的客户疯狂。比如上个世纪六七十年代，中国自己生产的电视机、电冰箱还很少，从国外回来的人才有带回 3 个"大件"的指标，很多人就是凭指标和外汇券"抢购"这些产品的。再比如，购房者需要排队取号才能购买经济适用房，而且很多房子还没有动工就被一抢而空了。这些都是由于市场供不应求带来的"客户也疯狂"。要想在当今科技日新月异、竞争激烈的市场上使得客户疯狂，一般情况下可以使用两种手段：一是通过优质的客户服务，让客户满意，使得客户在理性的情况下，热衷于持续购买你的产品，并且主动推荐自己的亲戚朋友购买你的产品；二是通过市场运作、促销激励的手段，比如打折、免费、抽奖等，实现客户也疯狂。

一、需求产生的客户疯狂

需求产生的客户疯狂，主要发生在产品供不应求的时候，就像从前人们买粮需要粮票，买糖需要糖票一样，大家要通过"走后门"托人购买自己想要的产品。但是随着市场经济的蓬勃发展，这类供不应求所导致的客户疯狂的情形已基本不复存在了。

要想使得客户疯狂主要有两种途径：

第一，通过厂商和所有服务人员的共同努力，以客户为中心，确保客户满意。客户满意了，就会成为我们的回头客、长期客户，他们不但自己购买我们的产品，而且还会推荐别人来购买我们的产品。这是客户满意带来的客户疯狂。

第二，通过市场策划使客户疯狂。

二、市场策划产生的客户疯狂

客户的需求是市场引导的结果，特别是在现在这个营销导向的时代。记得 20 年前，人们看到某个产品的广告时，常常嗤之以鼻："就不买他们的产品，他们的肯定比其他的没有打广告的同类产品贵，因为他们的广告费会加到产品的价格里的。"为什么会有这种思想呢？因为广告还没有被大家普遍接受。现在由于产品种类繁多，顾客可选择的厂商也多了，大家不知道该购买谁家的产品，所以只能买大家都买的。所谓大家都买的，也就是指大家都熟悉的，而大家都熟悉的，其实就是指每天都看到或者听到的。所以广告的作用是非常大的。

市场策划可以带来客户的"疯狂"，比如在圣诞节前后，商场推出前几名购买商品的顾客可以免费获赠电视机的促销活动，结果人们一大早就开始排队等待，等门开了大家一拥而进，甚至有些顾客连鞋子挤掉了也顾不上捡，这就是市场策划带来的"客户也疯狂"。但是在活动开展之前我们一定要统筹规划，分析活动会给商场带来什么，当然最基本的是良好的口碑和品牌效应。下面我们来看看如何做好市场策划，使得客户也"疯狂"。

（一）营销战略设计的"保龄球原则"

现在很多销售人员每天埋头干活，忙得不可开交，只要看到销售机会，就马上一头扎进去，也不做任何分析，结果浪费了很多的时间、精力，最终还拿不下项目。有一次，一个销售人员听完我的市场分析和策划的课以后就告诉我说："鲁老师，我是一把好刀，但是没有人指导我拿刀去砍谁，如何去砍，结果，老是拿着刀向石头上捅，捅得自己满手鲜血，石头一点动静也没有。"这说明他所在的企业没有制定市场目标和营销战略。比如一个企业制定了今年的销售目标是金融行业的战略，如何将这个行业里的企业在尽量短的时间内全部变成自己的客户呢？那就要有很好的策划计划，要先选准第一个样板客户，将这个客户培养成为行业的标杆，然后通过这个客户影响行业内其他的所有客户，这就是"保龄球"效应。

如何选择理想的标杆客户呢？这是销售人员经常问的问题，下面我们讲销售人员必须掌握的"保龄球原则"。

打一组保龄球的哪个位置可以将所有的保龄球都打倒呢？很多没打过保龄球的人认为，一号瓶在最前面，所以应该瞄准一号瓶打。但是凡是打过的人都很清楚，那样打可能产生分瓶，一边一个留下两个"大门牙"。那么打哪个位置比较好呢？有经验的人都知道应该打 1、2 号瓶之间或者 1、3 号瓶之间。至于到底打哪个位置，还取决于打球的人是左撇子还是右撇子。

销售策划也和打保龄球一样，要想将销售人员负责的行业，比如金融行业或者电信行业里的企业全部变成自己的客户，首先要找到该行业内的典范、楷模。这就是保龄球原则：选定正确的位置，打倒一个，所有的都会被打倒。有些也像多米诺骨牌，但是多米诺骨牌的位置是按照随便打倒一个其他的都会跟着倒下的阵势排列的，但是保龄球却不是，一定要选定击球位置，用力大小、球的弧线等都有很大的技巧。

优秀的销售人员应该懂得如何选取第一个应该被打倒的球。我们选取的标准是：在行业中最具有代表意义的、相对容易成为我们的客户的、该客户的关键决策者在行业中具有一定的权威和影响的、对销售人员的产品或者服务非常感兴趣的，但是不一定是行业中最大的客户。比如在向银行推销软件时，很多人认为第一个"击球点"一定是人民银行，其实只要我们认真分析就会发现，人民银行不是商业银行，其运营模式跟其他的商业银行的不一样。有些人认为应该是商业银行中的中国银行或者中国工商银行，但是这两家银行很大，决策周期一般较长，一般也不宜作为第一个"击球点"。那么如何选择第一个"击球点"呢？像国家开发银行可能就是一个较好的选择，一是它既是政策性银行，和央行有类似的地方，又是批发银行，具有商业银行的特性；二是陈行长在人民银行做副行长时负责过银行信息化，所以他对银行信息化非常重视。当然一定要将选定的"保龄球"项目做好，在行业中产生积极的影响，比如项目在行业的最高机构获奖，得到行业内部的肯定和表扬，并且有行业内部有影响的人士作宣传等，这样自然就保证了项目的推广能顺利进行。

找到并顺利和第一个客户达成交易是非常困难的，因为当你访问客户时，客户总会问："你们的产品或者服务在我们同行中，谁用过？用的效果如何？我们是否能参观？"这样就形成了一个死循环，第一个客户希望看成功案例，可是第一个客户还没有产生，哪会有成功案例呢！如何将你选好的客户变成成功的客户呢？有很多方法，比如大家常用的"赔钱都做"的投入原则，后面我们会详细讲如何顺利地和第一个客户达成交易。

（二）通过市场营销策划，让客户也疯狂

市场策划是使得市场迅速繁荣、客户疯狂的重要手段之一，成功的市场策划可以在较短的时间，让市场"火"起来。比如"脑白金"就是通过大量的广告，通过中国人送礼"自己不用，给别人用"的思

想，让市场"火"起来；"蒙牛"通过"超女"的形象使自己的乳制品迅速"火"了起来；此外，商场里的节日促销、打折、抽奖等活动，也是使市场"火"起来的办法。我们这里以房地产为例看看他们是如何通过市场策划让客户也"疯狂"的。

房地产行业这些年一年比一年火，虽然国家采取了很多调控的措施，但是价格还是一路飙升，住房还是"供不应求"。正如某地产大亨所说："价钱不是太贵了，只要我们的房子没有空置，就说明我们的定位是对的，我们面向的是富人。"听起来似乎很有道理，市场经济就是由市场需求来决定价格的，市场火了，那么价格自然就高了。下面我们来看，房地产行业采取了哪些市场运作方法，使得房地产项目看起来非常"火"。

1. 房地产的市场策划"谋略"之一：间歇式营销

"间歇式营销"又被称为销售控制，顾名思义，就是指房地产商通过人为地控制销售进度，同时配合价格的上调以制造销售火暴、供不应求的效果。我们经常会听到某楼盘开盘当天销售火暴，销售额高达多少万元。那么我们不禁要问，真的有这么火吗？一般是这样，地产商如果定在 10 月份开盘销售，通常在 6 月份就开始推广。当预订客户积攒到一定规模时，再一次性卖出部分楼盘，然后告知客户暂时无房，借此继续积攒客户，然后等达到一定规模时再一次性售出部分楼盘。通过如此的调控造成人为的供应紧张。这种手法通常只适合比较热销的楼盘，否则就可能弄巧成拙了。

≫ 人为调控市场供求

某开发商在一个新楼盘开建之后不久就开始大肆宣传，吸引了许多人上门询问楼盘情况。此时开发商开始实行"内部登记"，请有意向者登记签名，等候开盘通知。由于内部登记的客户购房时享受更多的优惠，结果登记者一时云集，开发商由此积攒了200多人的第一批客户群。

此后不久，开发商领到了200多套房子的预售许可证，随即通知首批登记的客户在同一天到售楼处"正式预订"。但是开发商并没有一次性把200多套房子全数推出，而是宣称当前只有100套房源，同时声明100套房子预订完毕后"房价将要发生变化"。购房者因此不得不争相排队编号竭尽全力争取"入围"，100套房子很快销售一空。此时开发商通过进一步宣传造势，又积攒了第二批客户群。随后择机发售第二批房子，同时将价格适当上调。最重要的是，通过人为地控制销售数量，造成供不应求、购房者争相排队领号的表象，吸引了更多的购房者加入。如此反复，使购房者产生一种恐慌心理，同时又派生出一批投机者从中"炒房"，再次抬高房价。

在销售现场还有一些让客户疯狂的手段，例如不要让已经买房的客户立即离开，应该设法把他们留住，好利用他们来制造气氛，说服其他还没下定决心的客户。

2. 房地产的市场策划"谋略"之二：价格虚涨

做房地产营销，最忌讳的就是楼盘的价格长时间一成不变，不管楼盘热销与否，每隔一段时间楼价都要煞有介事地上浮一次。但是，我们不禁要问，如果市场对上涨的价格不接受怎么办？这时开发商常用的绝招就是利用"节日促销、展会让利、现场抽奖"等各种方式变相地降价吸引客户，而且设定每次涨价的幅度通常不会超过2%或3%，否则涨势过猛，容易与市场脱节，涨势过缓又不足以刺激购房者。为了配合价格上调的策略，还要有意先卖差一点的房子，然后再卖位置和户型较好的房子，为随后的涨价提供有力的支持。

>> 令人恐慌的"价格虚涨"策略

有一个楼盘开盘时宣称起价4000元/平方米，但是仅仅一周之后起价就涨到了4500元/平方米。原来所谓的起价4000元/平方米，是因为有一套房子户型和位置最差，因此标价4000元/平方米，其余的房子则都在4500元/平方米以上。一周后最差的房子售出了，因此起价自然就"涨"到了4500元/平方米。

3. 房地产的市场策划"谋略"之三：谎报销售进度

购房者在售楼处经常会看到一个销控表，其中贴上小红旗的位置表示此处房产已售出。而细心的购房者会发现，即使是开盘才几天的新楼盘也会被贴上很多小红旗。除了个别项目确实很走俏以外，许多楼盘都采取了虚报销售进度的手法，实际上开发商贴上小红旗的位置有一些并没有真正卖出，之所以要这么做是想向购房者传递一种信息——楼盘热卖，欲购从速。而且最初的小红旗都贴在位置、户型都非常好的楼栋，只有差的还空着，这时销售人员就会向你解释，就剩下这几套了。很多置业者看到此情形，就赶快先"抢购"下来再说。如果有些客户不能马上下定决心，销售人员就会给客户解释，并且拿出一个登记本，让客户看后面还有很多人排着队呢，如果你不尽快交上定金，那么房子很快就会卖给别人了。这一招往往使得很多客户在第二天就交了预付款。如果客人还是拿不定主意，售楼人员知道客户对户型可能还是不满意，过两天售楼人员就会打电话给客户讲"有一套好的户型空出了"，希望客户再去看房。

如果购房者有足够的耐心和细心，过一段时间再去售楼处，就会发现原来被贴上小红旗的一些位置已经空了出来，而原来空白的位置已经被小红旗所占据。这就是因为随着部分楼盘的售出，开发商已开始把原来谎称售出的楼盘拿出来销售了。

通常开发商都有两个销控表，一个是给买房人看的，一个是给自己看的。在北京，许多商品房项目销售放号都是只放 1/3 左右，1/3 的房子卖完了就对外宣称没房子了，其目的就是制造楼盘热销的假象，并且方便后面涨价。消费者一看快卖完了就着急了，此时开发商再将谎报售出的房子逐渐拿出来出售，所以很多标着售罄的楼盘总有人在转让，或者总有一些所谓的"尾房"在出售。现在政府要求售出的房子要在网上登记，部分杜绝了虚报销售进度的问题。

4. 房地产的市场策划"谋略"之四：制造火暴场面

人头攒动、摩肩接踵的场面不但意味着热闹火暴，而且能大大吸引人们的注意力。但是如果你认为哪个楼盘排队的人多哪个楼盘必定卖得好，你也许就错了。

的确曾有开发商为了制造这种火暴的场面花钱雇一些人到现场排队造势（俗称"房托"）。"房托"也不是随便选的，例如小户型的楼盘要雇大学生，以提升楼盘品质；一般住宅楼要雇四十多岁的家庭主妇，既有亲和力又有煽动性。除了雇"房托"，开发商还会有意让购房者集中在某一天（通常是开盘日）同时到现场登记，人为地制造热闹火暴的场面。例如销售人员会电话通知客户，如果在某一天来现场购房可以享受一个较大的折扣，或者有什么优惠活动等等。这样就可以保证原来比较分散的客户能够集中在某一天到现场，给外人以购买踊跃、销售火暴的印象。

三、以客户为中心的市场策划

在做市场策划时，要以客户为中心，了解客户的需求，根据统计分析结果制定市场战略。一般情况下，通过市场调研或者对潜在客户和成交客户进行分析，可以了解到客户的真实需求，再通过对销售人员在销售过程中收集到的客户反馈信息进行分析，可以有针对性地进行市场营销战略设计。在设计某个产品、解决方案、产品组合的营销策略时，最常用的方法是决策树法：

1. 首先对所有客户群进行分析，发现使用某种产品的客户数量和给企业带来的利润。

2. 再通过客户细分，分析已经使用这种产品的客户所具有的特征。

3. 了解客户的特征后，就可以着手制定营销战略了。在制定市场战略时，要遵循"多赢"的原则，让参与这场市场战役的各方都有利可图，比如厂商获得利润、客户拥有有用的产品、合作伙伴也能从中获利。此外，市场战略需要分几个阶段实施，每个阶段会带来多少客户、多少效益都需要有考虑。如果营销战略不能按照计划达到预期的结果，还应该准备好备用方案。要注意市场活动的成本控制、每个阶段的里程碑设立、交付的结果如何等。

4. 通过销售部门、合作伙伴、客户服务中心、电话营销部门等，面向所有客户群和潜在客户群中具有所需特征的客户进行市场推广。

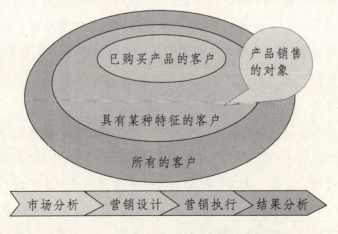

图6-1　以客户为中心的市场策划流程

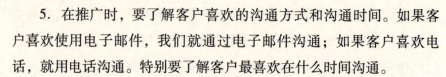

5. 在推广时，要了解客户喜欢的沟通方式和沟通时间。如果客户喜欢使用电子邮件，我们就通过电子邮件沟通；如果客户喜欢电话，就用电话沟通。特别要了解客户最喜欢在什么时间沟通。

6. 时刻记录和分析市场战役取得的战果，总结经验，找出差异，调整市场战略的方向和战术。

》 制定信用卡推广的市场战略

某家银行希望分析信用卡客户的消费行为，比如持信用卡的客户中哪些给我们带来的效益最大，从而为银行制定出一个行之有效的市场战略。

*之前的分析：首先分析持信用卡的客户在不同的终端消费的情况，分析哪一个终端给银行带来了更多的效益。要分析终端，首先就要看有哪些终端。比如说客户可能会到 ATM 机或者到营业厅去取钱，或者到酒店、饭馆、卡拉 OK 厅、夜总会、洗浴中心消费等。先分析所有持卡客户月消费金额最多的前1000 名客户，然后将这 1000 名客户按照终端类型分类，计算出每个终端客户消费的情况，然后除以 1000 名大客户中该终端客户的个数，得到前 1000 名终端客户平均消费额度，然后将这些终端客户的消费额度排序，可以看出哪个终端的消费额最大。分析的结果表明，168 名客户在夜总会的消费给银行带来的收益最大。

*市场战略的定义：根据上述的分析结果，银行决定和夜总会合作搞一个市场推广活动，市场活动定义为：只要在未来的三个月中，凡是到夜总会使用本银行信用卡消费的客户均可以享受8.8 折的优惠，并且可以得到双倍积分。现在我们问，这次市场活动的目标客户群是谁呢？很多人都会认为是所有持信用卡的客户。但是这样是否真正有效呢？答案是否定的，原因一是成本过

高，二是在一般情况下，可能带来负面作用。给一个对夜总会丝毫不感兴趣的客户推销一项优惠，不仅不能起到正面作用，反而会招致客户的反感，甚至对以后所有的无论感兴趣的或者不感兴趣的优惠都免疫了，这样即便是原本对这类人有效的市场推广也会失去了意义和效力。所以，推广一定是要针对特定的目标客户群，而不要进行"地毯式轰炸"。

＊目标客户群的分析：这里，目标客户群即指那些经常到夜总会去消费的客户群体。他们的特征是什么？我们可以对上面统计得到的168个经常去夜总会消费的客户进行分析，比如按照性别划分，有多少男士？有多少女士？然后再按照客户所在企业的类型划分，其中有多少来自国有企业的？有多少来自民营企业？有多少来自外资企业？等等。接着按照年龄段划分，他们分布在多大的年龄段里？再按照工资待遇进行划分，他们享受的福利的基本集中在哪个范围内？还可以按照地域划分，他们是在东城？西城？南城？还是在北城？然后综合各个范围内的统计数据就可以得到客户的特征。这里最简单的方法就是采用决策树方法，我们来看一下，168个客户中男士占多少比例，女士占多少比例？如果男士所占的比例大，那么，在男士里面我们划分年龄段，比如分"20岁以下"、"20岁到25岁"、"25岁到35岁"、"35岁到45岁"等若干个区间段，看每个区间段所占的人数比例。如果某个年龄段的比例占绝对优势，那么该年龄段就是最可能消费的客户的年龄段；如果发现相邻的两个或者三个年龄段所占比例接近，那么可将这几个年龄段合并，比如"25岁到35岁"占35%、"35岁到45岁"占32%，那么最可能消费的客户的年龄段就应该在25岁到45岁之间。最后，确定25岁到45岁之间的消费者是我们所要寻找的主要目标客户群。然后，我们还可以作进一步分析，比如他们的职业是什么？是工程师、销售人员、生

产人员，还是领导、国家干部等？通过分析发现哪个职业的人数比例最大，比如在 25 岁到 45 岁之间几乎都是销售人员。这样我们可以逐层分析下去，找出客户具体的特征来，比如消费者是男士，在 25 岁到 45 岁之间等。

＊获得目标客户群的信息：有了目标客户群的特征，下一步就是要寻找目标客户群的信息和资料。去哪里寻找？当然，现在是指在持银行信用卡的客户群中寻找满足去夜总会消费的客户特征的客户群，也就是条件查询。通过查询获得目标客户群的清单，比如有 3500 名，然后将这些客户按照其本人喜欢的通讯方式分类，比如喜欢短信沟通的是一类，喜欢电子邮件沟通的是一类，喜欢面对面沟通的是一类，喜欢打电话沟通的是一类等，对于不同的类型，使用不同的沟通方式。然后将这些目标客户群的列表交给大客户部（如果企业没有设立大客户部或者这些客户还没有大客户经理跟踪，可以交给销售部门或者市场部的电话销售部门或者客户服务中心的呼叫中心），接下来就是以客户为中心的一对一的服务。对于大客户，最好有唯一的大客户经理进行跟踪，让大客户们感觉到有专人为其服务，从心里感受到一种满足感。对于这类客户，无论是通过呼叫中心、电子邮件、电话还是其他途径发出"邀请"，都一定要以大客户经理的名义发出。特别地，如果通过电话联系，事先一定要知道客户正常的工作安排，什么时候打电话更合适。很多销售人员往往会在刚上班时和客户联系，但是那个时间对任何人而言都非常重要，大家都在忙着处理最重要的事情，所以刚上班的时候电话联系可能起不到很好的效果。如果实在无法了解到客户一天的工作安排，又怎样选择一个合适的时间给他打电话呢？最好在上午 10：30 左右打电话，因为客户这时基本上已经完成了自己最重要的工作，正好需要休息，这时候最合适。当然，也可以按照客户一般喜欢通话的

时间通电话，并且在电话打过去时记着询问客户是否方便接电话。另外，如果有印好的宣传册，也可以通过直邮的方式递给客户，或者直接登门递送给客户。

＊事中监控和事后分析：如何跟踪？一是大客户经理可以看到大客户的刷卡记录，知道大客户什么时候在什么地方消费了什么项目等。如果知道客户去了夜总会，那么可以听听客户的反馈信息，如果没有去，可以告诉他那些去了的人的感受如何，以"刺激"客户的消费兴趣。二是客户服务中心也可以跟踪客户，收集客户的反馈信息。每次市场活动都要做事后的分析，总结发出了多少"邀请"，其中有多少客户有实际行动，从而对制订下一次市场战略提供更进一步的依据。

三个月后，对本次市场推广活动进行总结，结果发现真正实现了"三赢"：银行多赚钱，夜总会多赚钱，客户也很满意。因为这次市场战略是按照科学的方法制定出来的，完全建立在掌握了较为全面的客户的背景信息、消费行为习惯等信息的基础之上。因此从这点来看，我们每制定一次市场战略，每做一次市场细分，每搞一次市场活动，都需要掌握一些消费者的基本信息，否则，我们将很难了解到客户真正的需求和消费行为习惯，也很难制定出有效的市场营销战略。

四、"抢滩式" 的市场策划

在市场策划过程中，从大的方面划分，一般有三场大的市场战役：一是"抢滩"，也就是抢占市场份额，将不是自己的客户变成自己的客户，将竞争对手的好客户抢过来变成自己的大客户；二是留住好的客户，通过客户关怀，让客户满意，延长客户的购买力生命周期；三是提升客户的消费能力，也就是交叉销售或者提升销售。

"抢滩"是一件非常困难的事情。在客户还没有购买产品、脑子里还没有形成消费"习惯"之前，争取到客户是相对容易的；但是要将那些已经是竞争对手的大客户，已经具有很高忠诚度的客户赢回来，不是一件很容易的事情，但也不是一件绝对没有可能实现的事。下面我们将讲解如何策划抢滩战役。

≫ 什么叫"抢滩"？

所谓"抢滩"，就是要将不是自己的"地盘"抢过来变成自己的。一谈到"抢滩"，也许大家会想起诺曼底登陆战役，联军为什么选在 1944 年的 6 月 6 日登陆诺曼底？很多人都认为是天气的原因，但是我们也知道这一天是德军大西洋防线的元帅隆美尔的夫人的生日。盟军的侦查机构发现隆美尔和夫人感情很好，只要可能就一定会回德国为夫人过生日。综合上述因素，盟军最后选择在 6 月 6 日登陆诺曼底。登陆当天，隆美尔正在 800 公里外的家乡参加夫人的生日宴会，德军群龙无首，最精锐的装甲师没有元帅的命令不能投入战斗，因此盟军顺利地占领了桥头堡。由此可见"抢滩"过程中策划的重要性。

1. 获得竞争对手的大客户信息

有很多的方法可以获得竞争对手的大客户的信息，比如从竞争对手那里"挖"来关键的决策人或者一些相关的销售人员；通过销售渠道了解竞争对手的大客户等。在电信行业，他们可以通过互联互通，知道竞争对手的哪些客户经常跨网通话，客户通过计算 ARPU（每个用户平均收入）然后排序，很容易知道在这些客户中哪些客户应该是竞争对手的大客户、他们经常和谁通电话。通话最多的应该设计成"亲情计划"里面的"家庭"成员之一，可以考虑运用"亲情计划"

的模式将这些客户变成自己的大客户。

2. 了解竞争对手大客户的真正需求

首先要知道竞争对手的大客户最需要什么，然后通过"小恩小惠买人心"的策略，向他们提供比竞争对手更优惠的产品或更优质的服务。但是考虑到这些客户已经有了一定的忠诚度，要想真正获得这些客户青睐，就要让他们进行比较。其实增值服务是一种非常重要且有效的方法。

3. 制定"挖"竞争对手大客户的营销策略

了解了这些大客户最需要什么，紧接着就要知道采取什么样的策略和战术才能把他们"抢"过来，比如通过制定一对一的营销策略。鼓励销售人员去争抢大客户，只要成功"抢"回来一个大客户，就会对销售人员实行大奖重奖，以此振奋人心。

≫ 甲骨文的"断氧计划"

在 20 世纪 80 年代初期，Informix 销售量比甲骨文还多，为此甲骨文公司制定了为期两年的称作"断氧计划"的市场策划，目标是"打死"竞争对手。具体措施是：

＊凡在市场上能够买到的 Informix 的产品，都要买回来安装，进行认真研究、分析、评论。

＊拟定敌情公报，将"敌人"产品的性能、缺陷、市场策略、市场政策等情报在全公司公开，让所有的人员分享自己在打击 Informix 时的经验和体会。

＊凡是打击 Informix 并且取得胜利的销售人员公司一律重奖，他们会得到额外的奖金。

＊挖 Informix 的墙角，将他们的主要人员挖到甲骨文来，从

他们那里掌握大量的 Informix 的信息。挖走 Informix 的人才，使得对手的士气大大削弱。

＊挖掘 Informix 的管理人员、产品开发人员和高级营销人员。

＊抢走 Informix 的合作伙伴和分销商。

＊向媒体提供产品的对比分析。

＊时刻了解 Informix 的总裁在什么地方做宣传，跟踪他的行踪，不管他到哪里，甲骨文的业务人员就会跟踪到哪里。

＊给员工设计一种 T 恤，在 T 恤上印上一幅图案：一名老潜水员（Informix）的氧气管被一条大白鲨（Oracle）牢牢地咬住。

通过这样的活动，使得 Informix 失去了战斗力，现在 Informix 的业务几乎在美国消失了。

客户也**疯狂** | 培育"粉丝"客户的
服务与营销技巧

第七章
**以客户为中心的
营销技巧**

　　要做到以客户为中心的营销，当然非常重要的一点是要了解客户的决策过程和决策的要素。在一般情况下，客户购买产品会考虑四个重要的要素：需求、成本、方案和风险。客户的购买过程通常可分为三个阶段：第一个阶段是调研期，第二阶段是评估期，第三阶段是购买期如图7-1所示。在不同的阶段，客户考虑的重点也不同：在第一阶段，客户会考虑需求有多大，值得花多少钱来购买，是否认识并信任销售人员；第二阶段，客户考虑得更多的是产品，也就是关心销售人员提供的方案是否能够很好地满足自己的需求；第三阶段，客户考虑最多的是风险和价格，客户要做最后的决策了，他们关心购买了产品可能会带来什么样的风险，这时价格也成为客户重点关注的要素之一。所以，在不同的阶段，销售人员应该将精力放到不同的重点上。

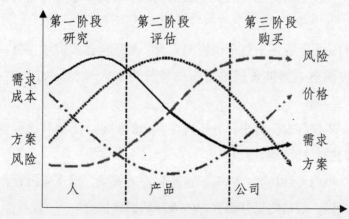

图7-1　购买过程分析

　　如果销售进入到第三阶段，一些竞争对手才介入项目，他们常用的方法就是将项目"搅黄"，采用较低的价格介入，让客户没有办法选择一个高价位的产品。我们知道在这个阶段客户第一位的考虑是风险，我们一定要让客户认识到，采取我们的方案客户的风险较小。因为我们已经和客户沟通了很长时间，对客户的需求最了解，这时可以考虑安排公司的高层和客户的高层互访，并做出承诺：如果由我们做这个项目，我们会将客户当成战略合作伙伴，不惜调动全球的资源全力以赴做好这个项目。当然，销售人员和关键决策者的信任关系也是非常重要的，一旦获得客户信任，那么价钱也就好解决了。特别提醒：不要正面讲竞争对手的缺点，要站在客户的角度分析，让客户认识到采取了价格便宜的方案会带来哪些风险。帮助客户做投入产出分析，将项目分成若干个小的子项，逐项计算项目的成本，让客户知道低于这个成本是会亏本的；如果销售亏本，那么为何还要做此项目？项目的成功如何保证？风险如何规避？至此，客户就不会再在价格上纠缠，不再理会"搅局者"了。

下面我们来研究销售人员应该如何以客户为中心进行销售策划和执行。

我们先来回顾一下整个销售的流程，然后再逐步讲解在每一步如何让客户满意。这里我们重新将销售分为八大步骤（如图7-2所示）：

第一步探寻潜在客户：分析潜在客户的特征，了解什么样的客户才是我们的目标潜在客户。

第二步约见拜访客户：有了这些客户的特征，接下来就是要主动与客户接触，通过约见拜访客户争取新的销售机会。

第三步选择目标客户：通过拜访客户了解客户的基本需求，了解客户存在的最本质的以及最令他们头疼的问题所在，从而判断哪些是目标客户哪些不是，并将精力锁定到目标客户上。

第四步确认客户需求：通过对客户的了解、拜访和相互探讨，更进一步地了解客户的需求，知道他们实际要解决的问题是什么，然后提供可以帮助客户解决问题的解决方案。

第五步有效的产品演示：解决方案有时是一些关键的文档和计

划，有时是我们的某个产品或者服务，客户可能仅仅看到或者听到过一些信息，但是，方案是否真正能满足客户的要求，并且和销售人员的描述一致？客户会要求看看产品的演示或者试用产品，这叫概念证明（Proof of Concept，简称 POC）。就像多数顾客到商场买衣服，只听销售人员推荐是不够的，还需要亲自试穿。同样，在销售人员向客户推销一台机器时，客户也会要求做产品演示或试用等。

第六步排除异议：客户看了产品，并且调研了竞争对手的产品后，就会提出很多问题和异议来。为了说服客户，就要学会处理客户所提的问题和异议。

第七步成交：对于任何一名销售人员来讲，成交都是非常重要的。有些销售商和客户交涉了很长时间，但是到关键的时刻却无法成交，或者成交时间拖延了，这些都属于销售项目的失败。

第八步售后服务关怀：售后服务不仅仅是售后服务部门的事情，也是销售人员的事情，因为销售人员和客户接触最多，互相了解最多。

图 7-2　销售流程

一、探寻潜在客户的方法和技巧

探寻潜在客户就是辨别那些可以从你的产品或者服务中获得利益的客户群体。对于任何一个优秀的销售人员而言，最重要的技能首先就是"认准客户，找对人"。

主动营销和被动营销的模式不同，研究潜在客户的方法也不同。被动营销一般是当客户光顾的时候，通过和客户进行语言、眼神、动作等方面的交流了解客户的购买意愿；而主动营销则是在拜访客户之前就要了解客户的基本信息和现状。但是两者的共同点是都要研究产品的特性、销售的对象，这是在产品定位时已经决定的。比如高档地产就是面向高收入阶层的，价格很高，但是还是有那么一群人去买；普通住宅是面向有一定经济实力阶层的；经济适用房则是面向普通老百姓的。在北京，有很多的商场像燕莎、赛特等原来的定位都是面向白领阶层的。

≫ 电信行业商务客户群体分析

对于电信行业的商务客户部而言，通过长期的总结，分析其目标客户群体和消费特点。

＊ 目标客户群体

—网吧、话吧、高科技园区、中小学

—零售、批发、政府部门、医院

—新的楼盘、写字楼

—消费额在 200～3000 元之间的客户

＊ 潜在客户群体的具体表象

—客户搬迁或发生组织变化

——新开公司或者新建楼盘

——使用新技术或尝试新功能

——希望提高员工劳动率

——跟上竞争对手的步伐

——规模扩张或者收缩

——租约到期

● 商务客户群体的消费特征

——考虑产品的价钱

——考虑产品的技术

——考虑服务的便捷

——投入少、利润高、易流失

　　首先我们要知道商务客户群体的定义是什么，然后要知道这些客户来自哪些行业，比如学校、医院、科技园区等，这就使得客户经理有了销售的大致目标。但是这些客户不一定是潜在客户，哪些是潜在客户呢？这就要知道潜在客户群体的具体表象（也就是寻找有需求的客户），比如客户搬迁、新建楼盘等。有了这些潜在客户的具体表象，客户经理就要和他们取得联系，进行沟通交流。交流时要考虑这些潜在客户的消费特征，比如他们考虑产品的价钱，考虑服务的便捷性……按照客户的消费特征提供产品和服务，吸引客户。

　　特别地，如果仅仅将商务客户定义为销售额在 3000 元以下的客户，那么当这个客户的消费额达到 2999 元时，商务客户部是不是就不跟踪这个客户了呢？因为再多一元就不是自己的客户了，业绩也就和自己无关了。解决这类问题的方法就是在商务客户部的绩效考核中，考虑增加"每个客户经理每个月提升 10 个商务客户为大客户"的考核指标。

（一）时刻抓住机会，获得潜在客户

对于每个销售人员而言，潜在客户的多少和潜在客户的质量直接影响着销售人员的任务完成情况。在销售漏斗中，销售机会是销售人员的重要因素。假如从销售的规律中知道销售人员成功的成交率是40%，那么该销售人员签订的合同就是潜在客户的个数乘以40%。如果销售人员希望成交4个客户，就要千方百计获得10个有资格的潜在客户。这就是为什么销售主管天天在催促销售人员增加销售漏斗里的潜在客户数量的原因。如果一个销售人员要保证长期完成任务，就必须有足够的潜在客户群。如果今年的任务是成交4个客户，就应该有10个潜在客户；第二年老板就希望是6个成交客户，那么潜在客户就应该是15个；后年的任务是成交8个，那么就需要有20个潜在客户……由此可见，销售人员要想出色地完成任务，就必须做一个非常勤奋的人。

为了获得潜在客户，销售人员要多注意观察，不放过任何机会，收集有用的信息。名片要永远带在身上，学会和客人交换名片，和客人换完名片后，一般要在名片上记下在什么场合什么地方获得该名片，将这些收集到的信息输入到自己的信息库，并且需要时常更新自己的信息库，将信息分类。有机会就给自己认为不错的潜在客户打电话表示问候，就像老朋友一样，一直保持着感情上的联络，而不是推销产品。这样就让这些潜在的客户群对你有一个好的印象，让他了解、认识你的为人，等机会成熟了再约客户谈销售的事情也不迟。很多销售人员平时很少和朋友、潜在客户联系，只有到最关键的时候才给客户打电话，这往往会招致客户的反感。所以，感情是慢慢建立起来的，并且需要细心地维系。

》》 随处可见的销售

　　一次我在为一家家电制造公司做《客户关系管理》课程的培训时，有一个非常精明的销售员从我讲课的过程中得知我在使用CDMA 手机。中间休息时，他主动和我换名片，并且赞扬我的课讲得好（"拍马屁"可以使人放松警惕），又提到他也是 CDMA 的忠实用户，他希望看看我的手机。看后他讲现在市场上新推出了一款 CDMA 手机，除了通话质量非常好外，还有非常好的人性化的输入模式，发短信方便多了，另外查找电话号码也非常方便，只要输入姓名的拼音首字母就可以了，比如"鲁百年"就只输入 LBN 就可以查到。看了他的演示，我非常满意，马上就买下了一部手机。

　　由此可见，销售机会是时刻围绕在你身边的，能否抓住要看你是否时刻都在用心。

（二）寻找合格的潜在客户，提高成交几率

　　寻找潜在客户很重要，寻找合格的潜在客户更重要，潜在客户的合格率越高，成交的几率才越高。如何提高潜在客户的质量是我们下面要探讨的。

1. 设定销售目标

　　一个销售人员要想成功，通常必须设定自己的目标，比如每天打30~40 个新客户的电话，每周发现 10 个新的合格的潜在客户，每周做 3~5 次客户拜访，每周做 3~4 次讲座或者产品演示，每周有 1~2个成交的客户。

2. 电话营销技巧

客户经理或者电话销售人员为了获得更多的潜在客户，就要通过电话和客户联系。如何让客户对我们的产品或者服务感兴趣？电话营销的技巧非常重要。打电话的目的是和客户建立良好的关系，进一步获得客户的信息，了解客户的需求和存在的最头痛的问题。

>> **如何争取和客户见面的机会**

*在打电话之前要做充分的准备，不要打给那些仅仅知道其电话号码的客户，这样一般情况下很可能会被拒绝。

*打电话之前要了解一些信息，比如通过网站了解公司的名称、所属的行业、公司性质、公司规模、主要产品或者服务、关键决策者姓名、有关该公司令人感兴趣的东西和有关报道、公司近期的一些重大事件等。

*在打电话之前，准备好台词（脚本），树立自信心。

*要口气温和、微笑着和客户通电话。

*第一次打电话介绍自己和公司时，一定要在公司的名字之前加上一些必要的修饰词，比如"我们公司是全球最大的商务智能公司，年营业额约为13亿美金"，或者"我们公司是华北地区零售行业最大的企业"等。

*学会问问题，尽量在较短的时间内获得更多的信息。

*打电话时能直接叫出客户的姓名，比如"您是鲁百年博士吗？"如果不知具体的名字，也可以称"您是鲁先生吗？"

*电话交流的过程一定是轻松的，要尽可能让客户多讲。

*记住，挂上电话前要和客户确认下一步该做什么，比如客户经理登门拜访等。

*打电话和客户预约拜访时间时，不要直接询问客户何时有时间，而要先选定一个具体的时间，然后询问客户是否可行，比如今天下午2点我去拜访您好吗？

*最后要表示感谢。

有经验的销售人员，当给客户打电话时，从客户的言语中马上就可以判断出这个客户的状态，是否为潜在客户？他们一般不会将时间浪费在根本没有希望的客户身上。

》 给客户打电话的模板

您好，张××总经理，我是中国××行业最大的××公司商务客户部经理×××，我打电话的目的是和您约个见面的时间，我去拜访您，不会占用您很长时间。最近××公司刚使用了我们公司的一些产品以解决他们在××方面的问题，他们的总经理高××对我们的产品和服务的评价很高，高经理很佩服您，他讲在您的带领下公司最近在本行业取得了令人瞩目的成功，他介绍我来拜访您。我保证不会占用您太多宝贵的时间，今天下午2点我可以去拜访您吗？

注意：在这个模板中，我们坚持了几个原则：一，表明我们是行业内最大的公司，让客户不会一听到电话就马上拒绝。二，强调见面的时间不会长，这样不会打扰客户。三，直呼对方的姓名和职位，让客户感觉你对他们很了解。四，赞扬客户，讲出客户是行业的领头羊，这样"拍马屁"可以解除客户的戒备心理。五，引出成功案例并讲出案例客户关键决策者的名字，让客户听完就知道值得和我们合作，因为我们已经与和他公司相当的企业进行了合作。六，有第三方的推荐，这样客户就会产生信任感。七，和客户约时间时主动提出一个具体的时间，而不是询问客户什么时间方便，以免客户以忙为借口拒绝约见。直接给客户一个约定时间，这样客户即使没有时间，也会

告诉你什么时间合适。八，讲话尽量短而清楚。这样就需要在打电话
前认真准备这些"台词"。

≫ 知己知彼，百战百胜

一个销售人员前去面试，在面试前该销售人员在网上了解了
很多有关面试官的信息。当面试开始时，这个销售人员就对面试
的老总讲："您在业界非常有名，我看了您的博客，您在××方
面非常有成就，我非常钦佩……"这样，该销售人员面试成功的
几率就要大多了。因为，他不但了解公司的有关信息，而且就连
老总个人的很多信息他也知道，这就是销售人员应该具备的
素质。

由此可见，打电话之前了解客户的信息太重要了，特别是能直接
叫出对方的姓名和职务。这就要求销售人员事先一定要做足功课，这
样才能提高合格的潜在客户的个数，有了合格的潜在客户，成交的几
率才能得到保证。

3. 以客户为中心的营销4R

以客户为中心的销售，就是要站在客户的角度考虑问题，实现双
赢。通过合适的渠道将合适的产品在合适的时间提供给合适的人，这
就是营销中经常讲到的4R。

（1）和客户打交道，一定要通过合适的方式

要和客户进行联系，到底是通过打电话呢，还是面对面沟通呢？
还是发一条短信或者发一个传真、发一封电子邮件？在很多情况下，
恰当的方式也是沟通成功的重要因素之一。发一条短信起作用吗？一
般情况下，当我们第一次收到一条短信时，我们会看一看；第二次收
到雷同的短信，我们会想，怎么又来了一个广告；第三次，可能正是
对我们有用的信息，可是我们可能因为不耐烦，看都没看就把它删除

了。所以说在与客户联系的时候，一定要选择一个合适的渠道。对于第一次联系的客户，我们可能还无法判断该客户喜欢什么样的沟通方式，我们一般就用电话营销或者邮件直销的方式。如果是电话，一定要注意有效的沟通时间，最好在上午 10：30 左右，这时客户正好处理完他们紧急的事情，需要休息。当然对于一些像销售经理这样的很少在办公室待的客户，最好一上班就给他打电话。

（2）和客户打交道，一定要选择合适的时间

每个销售都需要和客户打交道，不管是电话销售、客户预约还是登门拜访，要想取得预期的沟通效果，就一定要选择一个客户方便、合适的时间和客户沟通。我们每人每天都有自己的工作，早上一上班首先要处理最紧迫的事情。比如我，每天上班后最重要的事情就是处理收到的电子邮件，大概有 300 封，因为我们是一家国际化公司，不同地区存在时差问题，所以电子邮件交流更频繁。每天上午九点到十点的时间我可能都是在处理邮件，因而没有更多的时间去做别的事情。但是正当我忙得不可开交的时候，总会接到一些保险公司的推销员打给我的电话，一般都是在早上 9：20 左右，第一次给我打电话，告诉我他们又推出了一个什么新产品。因为我正在做最重要的事情，我就告诉他：抱歉，我现在忙，没有时间，过一会你再打过来。结果呢，他今天不打了，到了第二天，又在同样的时间打来电话，我告诉他：实在抱歉，我没有时间。到了第三天，他又在同样的时间打来电话，换成你你会有什么样的感觉？是不是非常生气、烦恼，甚至要发狂？所以，一定要对客户有所了解，知道他们什么时间做什么样的事情，什么时间沟通的效果更好。

（3）和客户打交道，一定要将合适的产品推销给合适的人

怎样知道自己所推销的产品正是客户需要的并且一定会满意的产品呢？方法我们在前面讲到过，关键在于搞清楚潜在客户群体的特征和具体的表象，然后跟踪他们。在打电话或者拜访客户的时候，要了

解客户存在的问题，尽量多问问题，了解客户头痛的地方，然后给客户讲解我们的产品是如何有效解决客户问题的。以客户为中心的营销就是要先了解客户存在的问题或者疑惑，然后再看我们的产品或者服务如何帮助他们解决现有的问题，这里强调的是"双赢"。

通过合适的渠道，
将合适的产品，
在合适的时间，
提供给合适的人

满足客户的需求，
降低企业的成本，
规范企业的流程，
增加企业的收入。

二、第一次约见客户

第一次约见从未接触过的客户是不容易的，那么如何能让对方感兴趣并且欣然赴约呢？下面我们着重讲第一次约见客户的技巧，以及如何在尽可能短的时间内建立起相互信任的关系，和如何很快将客户变成销售人员的内线等。

预约有很多方法和技巧，比如本次拜访是企业的高层对客户方高层的战略性访问，就可以利用规范的预约方式，向企业发一个正规的拜访函传真或信件到客户的高层办公室（或秘书处或外事接待办公室等），等待客户的答复。第二种方法是通过一些第三方代理公关公司预约。第三种是通过行业协会预约。第四种是通过一些大型的高峰论坛，邀请双方高层出席，期间可以进行会谈等。

（一） 第一次约见客户的电话技巧

如何能让客户感兴趣，同意给第一次见面的机会，这就需要掌握潜在客户的心态——为什么对销售人员的约见感兴趣。

≫ 客户感兴趣的原因分析

* 客户认为可以从销售人员处获得一些有用的信息；

* 由于有和客户认识的人的推荐，客户不得不见销售人员；

* 销售人员给客户简单介绍，客户知道销售人员是该方面的专家，客户正需要这样的咨询；

* 销售人员提及在××方面××公司是全球最大的公司，吸引了客户；

* 销售人员讲他们公司已经为全球很多同类知名企业做过很多的项目，或者这些公司使用过该销售人员的产品，成效显著；

* 销售人员的自信使得客户认为很值得一见，想看看这个销售人员到底是什么样；

* 销售人员温和的声音，撩起了客户见面的欲望；

* 销售人员的语言很坚定，"迫使"客户不得不见销售人员；

* 销售人员的留言使得客户感觉到很好奇，客户想弄明白事情的真伪，不得不约见客户。

≫ 抓住客户感兴趣的话题

一个销售人员很想约见一位局长，但是非常困难。后来他就对这个潜在客户进行了详细的了解，了解到该局长的年龄是58

岁。我们知道一般情况下这个年龄段的人最想获得的，一是健康；二是退休后的生活如何安排；三是孩子的工作和前途问题。销售人员又了解到该局长的女儿大学毕业时间不长，正准备出国，于是他马上决定电话约见客户。下面我们看看他是如何打电话约见客户的：

销售人员高忠："屈局长，我是××公司的高忠呀，您还有印象吗？"（其实他根本没有见过屈局）

屈局："好像……"（局长见的人太多了，他也记不清谁是谁了）

高忠："上次听您说您女儿正准备出国，现在联系妥了吗？"（为了更进一步地让客户相信以前他们曾见过）

屈局："正在准备英语考试。"

高忠："屈局，我刚从英国回来，比较了解如何准备英语考试，我这里还有非常好的学习资料，当年我就是靠这些资料考试的。屈局，您看今天什么时候方便，我给您送去。"

屈局："好吧，今天下午2点你过来吧！"

高忠："好的，没问题，我准时到。"

这样，该销售人员就顺利地争取到了和客户见面的机会。

（二）第一次见客户的目标期望

和客户见面前，销售人员应该尽可能收集更充分的有关客户的信息，比如客户的一些观点、言论、文章、采访、出席的会议等，可以通过 Google 或者百度进行搜索，查找任何有用的信息。如果你拜访的是企业的决策者，那么大部分的信息都可以从网上找到。

第一次拜访客户的时候，还要清楚拜访客户的目标是什么，这是非常重要的。一切应该围绕着约见客户的目标行动。有了明确的目标，销售人员就该考虑约见双方应该有什么样的人参加，第一句话该如何开始，客户可能会提出哪些问题，我们该如何回答等，这些都要提前准备好，以利于目标的实现。一次较正式的客户拜访前一定要排练，模拟见面的实景。

》 通过约见客户可实现的目标

＊和潜在客户建立友善的伙伴关系

＊寻找你和潜在客户的相互利益

＊制定行动计划表

＊确定销售的主要因素：决策人、财务与预算、即将发生的重大事件和影响购买的因素

＊赢得客户的信任

＊确定销售的长期定位

＊建立自己的信用

＊建立自己公司的品牌和信誉

＊双方认可下一步计划

＊客户的下一步承诺

（三）第一次拜访客户前的预测

在拜访客户之前，我们要对可能出现的问题进行预测，并制定相应的应对计划，计划越周详遇到的麻烦就会越少。

》 拜访之前，一般应该考虑的问题

＊这是什么类型的业务？

＊在客户门外时，你期望什么样的接待区？

＊初见面，希望得到什么样的问候？

＊你希望带什么样的东西？

*开场白是什么？

*这次拜访的目的是什么？

*你会问什么问题？

*你会留下什么东西？

*如果能见到客户的决策者，你会做什么？讲什么？

*初次见面完成后，下一步计划做什么？

（四）拜访客户的技巧

下面我们来探讨拜访客户的流程和技巧。要进行客户拜访，首先要对客户进行分析，制定拜访客户的计划，其中包括拜访的最低目标和最高目标，希望客户企业参加的人员，本公司参加的人员，拜访的方式、时间、地点、需要准备的资料和工具（如投影仪等）。

》 拜访客户的具体步骤

*和客户确认拜访的时间、地点、拜访内容、参加人员等。一定要落实到具体的时间、地点，不要讲今天十一点左右，一定要确认几点在什么地方。

*预约成功后，要准备拜访所需要的资料，模拟拜访的过程，准备客户可能问到的问题和标准答案，安排不同的问题应该由谁来回答等。此外，要事先安排好出发的时间和集合的地点等。

*见到客户要相互介绍、互换名片。在介绍时一般是先将客户的高层人员（和销售企业老总几乎平级的）介绍给销售企业的老总，然后将销售企业的老总介绍给客户企业的老总，双方进入会谈室。

*双方进行交流，在交流过程中，尽量不要打断对方的讲

话，但是可以多提问题，让客户回答，从而获得客户的更多的信息。

＊在客户提出异议时要学会妥善处理，最后双方达成一致。

＊确认、落实下一步的工作，感谢客户。

（五）提问的技巧

很多销售人员见到客户就讲自己的公司、产品如何如何，只想尽快将产品推销给客户，但是往往越积极推销越卖不出去。为什么会这样？原因之一就是销售人员不会问问题。问问题也是销售人员必修的一门功课。在《大客户战略营销》一书中我专门介绍了问问题的技巧（SPIN），大家可以参考。这里我们简单回顾一下。

第一类，在刚见面时要学会问背景问题，以缓和气氛，但是不要多问。

第二类，为了了解客户的难点、最头疼的问题而提问，主要掌握客户为什么要做此项目或者购买该产品或服务。

第三类，要会问隐含性问题，让客户知道你是专家，就要问一些"揭短"的问题，表明你知道客户真正的病根在哪里。

第四类，为了了解解决方案或者产品是否能给客户带来真正的效益、解决客户头痛的问题而问的"需求－效益"问题。

通过问问题，真正了解了客户的需求，根据客户的需求，提供相应的解决方案，这样才是真正以客户为中心，才会令客户满意。

≫ 不同的提问方式，不同的答案

在很多情况下，一个好问题会带来很多正面的效果，比如我们知道世界上讲中文的人是最多的，但是如果我们在国外直接讲"中文是世界上讲的人最多的语言"，很多外国人就会立刻反驳

"那英文呢?"如果我们这样问:"世界上哪种语言讲的人最多?"有些人可能会猜出是"中文",结果大家很开心。或者为了得到我们想要的答案,开始可以先做一些铺垫,比如先问:"世界上人口最多的国家是哪个国家?""它属于哪个洲?"这样大家都能回答出是中国、在亚洲,然后我们再问:"世界上有最多人讲的语言是哪种语言?"这样在你的引导下,大家都会毫无异议地回答是"中文"。所以,问问题是一门技巧,是我们引导销售的一个非常好的方法。

》 不合适的提问差点憋死老师

有一位老师非常希望用启发式问问题的方法引导学生思考和学习,有一天,她在黑板上写了个"天"字,然后问道:"我们在黑板上写的这个字叫什么呀?"没人回答。"你们的头上是什么呀?"学生回答:"是头发。"老师一听急了,于是又问:"头发上是什么呀?"学生说:"是帽子。"老师说:"帽子上面是什么呢?""是空气。"老师说:"空气上面呢?"学生抬头一看说:"天花板。"老师一听高兴坏了:"对对对,我们今天要学的字就是你们刚才说的第一个字,叫'天'。"

》 让"不咬人的"狗咬了一口

一天早上,一个小伙子碰见一位慈祥的老大爷,大爷身后跟着一条可爱的小狗,他就走上去问大爷说:"大爷,您家的小狗咬不咬人?"大爷听完回答说:"我家的小狗特乖,从来不咬人。"结果他就放心地去逗那只小狗,这下不得了,狗猛地咬了他一口。小伙子非常生气地责问大爷道:"大爷,您不是说您家的小狗从来不咬人吗?为什么咬我一口?"大爷哈哈大笑说:"那狗又不是我家的狗,我家的狗在家里拴着呢!"

特别值得注意的是，一般的客户都比较喜欢和对他们的公司、产品或者个人有浓厚兴趣的人交流，所以销售人员问问题时，完全可以通过提一些诸如此类的问题，以激发客户的兴趣。比如可以就客户的盈利模式提问，客户是如何赚钱的？如何将一个小公司做成大公司的？这样的问题往往引得客户大讲发家史，容易拉近和客户之间的距离。

如何通过提问引导客户回答问题呢？

• 准备一个收集客户信息的大纲图，确定应该获得哪些信息，比如组织架构，关键决策者，企业的组织类型，企业的上游、中游和下游，企业的产品，盈利的模式等。

• 知道如何应对潜在客户的回答，如果没有事先准备好，就不要问这方面的问题。

• 提问后解释为什么问这个问题，让客户知道你的目的，比如，"我之所以问这个问题是想确认一下你们的信息是否已经收集齐全了，另外我还想知道我能否帮忙解决这个问题"。

• 在提问之前给出问问题的原因。比如，"我问下面这个问题的原因是，有些客户曾经有过这样的问题，我想澄清我们的产品是否也发生过类似的问题"。

• 不要像读调研问卷上的问题一样，让客户觉得很严肃。在提问时要尽量表现得自然，使得客户主动和你互动，敞开心扉和你交流，从而获得客户真正的需求信息。

• 要学会结束谈话。在潜在客户暗示你应该离开时，要学会结束会面，但是结束之前一定要和客户确认下一步的计划。

≫ "我们有多容易受骗"

2006 年 11 月 2 日我在由北京飞往成都的飞机上看到《环球报》上刊载的一则小故事，标题叫做"我们有多容易受骗"，非常有趣，我将它引用在这里。

4 月 26 日，在爱达荷州秋季大型科学展览会上，一个来自鹰石中学的高中生的方案获得了一等奖。

在他的方案中，他力劝人们签署一份要求严格控制或完全销毁一种叫"氢氧化物"物质的文件。其理由是：

(1) 这种物质会造成流汗过多和呕吐；

(2) 它是酸雨的主要成分；

(3) 在气态情况下，它会导致严重的烫伤；

(4) 吸入它会要了你的命；

(5) 它是腐蚀的帮凶；

(6) 它会降低汽车的刹车效率；

(7) 人们在晚期癌症病人的病瘤里发现了它。

他问了 50 个人是否支持他的提案禁止这种物质，43 人（86%）说支持他的方案，6 人没有表明态度，只有一个人知道这种物质是水。这个获奖方案的题目是"我们有多容易受骗"。

由此可见，一种好的提问方式和一个好的问题的设计，其结果导向作用是巨大的。为什么有这样的结果？其一，这是一个"诚实"的小孩的提案（人们不会怀疑他的"恶意"），人们相信他；其二问题的设计让人们以为这种物质一定是"坏"的，所以人们支持他的提案。

（六）倾听的技巧

对于销售人员而言，能说会道是一个重要技巧，但是有时候说得太多、太满也不利于问题的解决，还要学会在适当的时候闭嘴，倾听也是一门艺术。如何倾听呢？我们先来看看英文中"听"——Listen是如何拼写的，如果我们将它重新排列，就是安静 Silent 这个单词，也就是告诉我们要"静静地听"。

- 让对方把话说完（保持沉默）
- 允许别人有不同的观点（求同存异）
- 听的过程：点头、微笑、赞许
- 先赞许客户，然后提出建议
- 不走神，看着对方的眼睛
- 注意对方的非语言因素
- 收集并记住对方的观点，不要演绎
- 一定要在笔记本上记录对方的重点

（七）销售的"5分钟理论"

任何一个有经验的销售人员都应该知道，销售拜访的前5分钟是非常重要的，几乎直接决定了销售能否成功。特别是拜访该项目中客户企业的关键决策者时，如果关键决策者认可了销售人员的第一印象，感觉这个销售人员是值得信赖的，才会有下一步的行动，所以在前5分钟，销售人员的一切言行举止都是十分重要的。

- 拜访客户的关键决策者的前5分钟决定了销售的命运
- 客户认准的是：
  * 公司的品牌
  * 产品技师
  * 客户服务
  * 销售人员
- 之后的大部分工作都是在验证先前的看法和判断
- 所以在访问前一定要做好充分的研究和准备

在拜访客户企业的关键决策者的前5分钟内，关键决策者的头脑中就已经形成了一个印象，对于是否决定和销售人员的企业继续打交道也基本有了一个定论，后面的谈话90%都是在验证前5分钟的印象是否正确，包括让技术把关人员所做的各种考察，也是在验证关键决策者的印象是否正确。

（八）销售人员应该学会讲故事

要让客户很快和销售人员建立起信任关系，讲故事就是一个必不可少的技巧。客户总是非常关心产品和服务在什么地方使用过、使用的效果如何、第三方是如何评价的，这就迫使销售人员要学会讲成功案例和故事，要讲得绘声绘色、引人入胜。如何通过案例和故事打动客户，这里面大有学问。客户总希望销售人员或者销售人员的公司是能够站在整个行业的角度分析问题的权威专家，希望他们能将同行业的经验介绍引入到自己的公司。

讲故事的原则是：

● 可信性：最好是自己亲身经历的，讲自己亲身经历的故事；

● 真实性：有时间、地点、人物，人物最好是和客户有关系的人物或者大家都熟悉的人物；

● 类比性：最好是和客户规模相当或者规模更大的公司的案例，为了说服客户，就要让客户看到你做的项目是如何成功的，是如何让所有与项目相关的人员从项目中获利的；

● 高潮性：故事要有冲突情节，要能引人入胜，才能让人们认识到所销售的产品和服务能够解决许多重大的问题；

● 成功性：故事一定是围绕着成功的解决方案进行的。

≫ 一个真实的故事

背景：一个非常有名的家电制造商 M 刚刚把总部从广东的佛

山迁到中山，这时一个电信运营商 T 已经和它达成了协议，准备安装 T 公司的电话，另一个电信运营商 N 也看上了这块肥肉。

人物：N 运营商的客户经理梁经理、营销张副总，M 公司的康总。

2004 年的春天，N 运营商的客户经理梁先生得知国内非常著名的家电制造商 M 刚刚将总部从广东的佛山迁到中山，正在为企业寻找通讯方案，他就准备了一套完整的解决方案，提交给 M 公司主管该项目的 IT 部门高工。

由于 M 公司原来就是 T 运营商的客户，结果高工早就接到了 T 电信运营商的方案，而且准备采用 T 的方案，根本就不见 N 公司的客户经理梁先生。

没有办法，如何能将即将成交的竞争对手的订单给干掉，将方案换成自己的方案呢？梁经理想尽一切办法接近高工，结果都是徒劳。

这时客户经理梁先生准备直接去找客户主管 IT 的康总。可是如何接近康总呢？客户经理梁先生直接拨通了康总的电话，说："康总，您好，我知道 M 公司是非常有名的空调制造商，我希望采购 1000 台空调，送给我们在中山地区的大客户。"康总听了以后，很高兴，大订单来了，所以很快商定了见面的时间。见面以后，康总在心里已经佩服了 N 公司，在这样一个小地方竟然有要货 1000 台的大客户，看来，N 公司的大客户也许会成为自己的大客户。客户经理梁先生"顺便"对康总讲："你们的电话真难打，我打了 20 多遍，总是占线，这真耽误生意呀。"康总听后讲："是的，我们的电话线不够，最近正在扩容。"客户经理梁先生听了很高兴，给康总讲了自己公司为 M 公司做的解决方案，即可以在佛山和中山两地之间实现互通，而且不会按照长途计费，只记为公司内部的通话，这样既可以节约成本，又可以任意增加中继线。康总听了，觉得方案非常可行，马上让梁经理提交一个详细的解决方案。

梁经理马上将早就准备好的方案提交给了康总。康总非常高兴地说：看来你们的产品真不错，明天进行一次交流吧。并且将主管该项目的高工叫来马上安排第二天的交流。

交流的方案做得非常充分，梁经理讲了整体方案、实施的规划和项目的投入产出分析。交流之后，M公司就决定采取N公司的方案。康总让高工负责谈判。由于高工和竞争对手有着不一般的关系，因此阻挠该项目的顺利实施。他提出来两个非常苛刻的要求，一是保留原来的号码；二是在一个月内完工。客户经理梁先生不得不回来和自己的老板商量，结果答应了客户的要求。保留号码可以采用呼叫转移，但是一个月完工相当困难，M公司在中山市的郊区，离市区还有近7公里的路程，在一个月内如何将光缆铺设到客户的公司呢，N公司的压力非常大。

他们加紧工程的进度，24小时挑灯夜战，即使天下着大雨，也从不间断，让客户看到都十分感动。但是时间快到了还是不能完成任务，没有办法，他们只好采取了一个下下策，先将客户端的电话线接好，让客户看到电话线已经拉到了客户的机房，还在调试阶段。

由于每天在公路边上铺光缆，竞争对手发现了，知道自己的竞争对手N可能已经和M公司签了合同，就开始捣乱。梁经理得知后，赶紧采取办法稳定客户关系，这时他无意中得知，康总在华南理工大学念的MBA，进一步了解得知康总和自己公司的张总是同学，他通过两位老同学的会面巩固了双方合作的关系。

终于在一个月后项目上线了，但是，问题又出来了，无限通相当不错，可是在电话转接时还是存在一些问题，客户经理梁先生就专门为客户组织了一次培训，解决了问题。

现在这个客户每个月的贡献度大于 3 万元，变成了 N 公司的大客户。不但拿下了 M 这个很有影响的客户，和 M 公司打交道的上下游也在 M 的影响下变成了 N 公司的忠诚客户。在整个中山市 N 公司的市场占有率也大大超过了 T 公司。

（九）站在客户的角度为客户提供便利的服务

在和客户沟通的过程中，一定要站在客户的角度想问题，比如银行的理财经理，第一次和客户接触，最好给客户提供竞争对手的类似产品，比照竞争对手产品的优势、劣势，讲解自己产品的优势和劣势，要客观地站在第三方的角度给客户提供咨询和服务，这样才能很快和客户建立起信任关系。一旦客户信任你，你就是客户心目中的理财专家，若能为客户提供几次完美的理财服务，客户就愿意继续和你打交道，甚至愿意将自己的理财业务全权交由你负责。对此很多销售人员已经有所意识，将自己的身份变成了高级咨询顾问、金融理财师等，这样看起来就是帮助客户解决问题的人，因而也更容易得到客户的认可。

（十）如何应对价格战

很多人都认为价格才是客户是否决定购买产品的第一重要要素，但是我在这里要讲，价格并不是第一重要要素。实际上，客户首先考虑的是产品的功能是否满足自己的要求，是否能解决当前存在的问题。销售人员给客户报价时一定要真诚，可以给客户讲我们的价格是非常具有竞争力的。当客户询问报价时，销售人员不要直接回答价格，可以用如下的方案解决。

>> 灵活应对价格战，具体问题具体分析

电信行业的销售人员给客户介绍了自己的产品、服务后，对客户说:"很多时候我们可以提供相当可观的优惠条件,但是只有分析了您的需求、了解了您的业务、看了最后的订单之后,我们才能知道怎样帮您获得最大的优惠。我可以保证,我们不是最便宜的运营商,但是也不是最贵的运营商。相对于主要的竞争对手而言,我们的产品和服务的价格非常具有竞争力,通常会低10%到15%,难道您不认为这样的价格非常有竞争力吗?"

最初接触客户,客户一般喜欢问多少钱,如果是单一的产品,像商场的衣服,那没有办法,必须直接告诉客户价格,但是对于量体裁衣的解决方案式营销,最忌讳的就是还不知道客户的具体需求就马上报价。打个比方,当客户询问具体报价时,销售人员可以说:"方案有大有小,由客户的具体需求决定,价格从2000元到100万元不等,最重要的是先要了解客户的需求,然后才知道什么样的方案最合适。"

(十一) 尝试性成交

在销售的过程中,哪怕是第一次接触客户,也要抱着一定能成交的心态,这不是完全不可能的事情。尝试性成交的第一种情况,两个人非常投缘,一拍即合,这是"一见钟情"式的销售;第二种情况,通过探讨客户目前存在的问题和需要进一步解决的遗留问题,或者客户还有什么顾虑等,并帮助客户一一解决,最后达成交易。

≫ 尝试性成交

比如电信行业的一位销售人员已经给客户讲解了自己产品的优势、售后的服务和有竞争性的价格,下面是销售人员和客户尝试成交的一段对话:

"我可以问一个非常直接的问题吗?如果您对我们公司的服务和技术支持完全放心,如果你对我的能力放心,如果我能针对你的业务提供合适的电信产品和服务，并且给您相当有竞争力的价格，您还有其他不购买的理由吗？"

这是希望通过尝试成交，来试探客户的进一步需求，对我们的方案或者服务还有什么不满的地方。当然能成交更好。

三、选择目标客户的 MANIACT 理论

和客户第一次见面，通过提问了解到客户的需求，但是这个客户是不是目标客户呢？对于销售人员而言，这是很重要的一个问题。我们一直讲，销售人员最重要的任务之一就是找对客户，如何找对客户呢？我们必须有判断客户是不是目标客户的标准，下面就是判断客户是不是合格的目标客户的标准——MANIACT 理论。

1．M—Money（钱）

首先要了解客户的经济状况、资产状况、是否盈利。如果客户的经营状况还不错，然后判断客户是否有预算来购买产品或者服务？这个预算有多大？另外，从客户的角度想，客户能从销售的产品或者服务中获得多大的利益？

2．A—Authority（权利）

和你交谈的人有权力吗？他是 VITO（Very Important Top Officer，重要高层）吗？他在客户的组织中有决定权吗？如果销售人员没有接触到客户的决策层，很可能费了很大的劲，结果老总将项目"枪毙"了或者将项目"送"给了竞争对手。

3. N—Need（需求）

潜在客户到底为什么需要该产品或者服务？谁要求立这个项目？目的是什么？需要解决什么问题？这些问题严重吗？严重的程度会影响客户的业绩吗？值得客户花钱购买我们的产品吗？

4. I—Impending Event（近期大事）

了解客户近期发生了什么重要的事情，导致客户需要购买产品或者服务？这些事件真实吗？比如客户的订单很多，不得不将产品外包或者购买新的机器等。

5. A—Application（应用）

潜在客户使用产品做什么？目的在于解决哪些问题？最主要的应用是什么？如果没有实际需要，客户可能不一定购买产品或者服务。

6. C—Competition（竞争）

是否已经有竞争对手也介入到这个项目中来，如果有，就可以基本证明项目的可靠性。竞争对手的产品是否更适合于客户？我们的优势、劣势、机会和挑战是什么（SWOT 分析）？

7. T—Time Frame（时间确定）

客户什么时候会购买？在购买之前，还需要做什么？项目时间分成几个阶段，每个阶段计划做什么？衡量的标准是什么？比如参观考察成功案例、产品演示、测试等。

MANIACT 理论是销售人员判断潜在客户是否能成为目标客户的依据，因此销售人员在拜访客户时，一定要努力搞清楚以上这些问题。

四、确认客户需求

确认了目标客户群，下一步我们就要和客户确认客户的真正需求是什么。如何获得客户的真正需求，前面我们已经讲过很多，比如通过客户拜访、电话、邮件沟通等获得客户更多的信息，这里我们主要归纳了几种确认需求的方法。

1. 了解客户的组织架构和项目相关的负责人，以及这些人的职务和职责；事先做好问卷设计，然后安排具体的时间和客户进行沟通，沟通之前，最好将问卷先发给客户，让他们做好准备。

2. 多问问题，始终掌握话题讨论的控制权，决不要在客户讲话时打断对方，要正视对方的眼睛，耐心地倾听，表现出非常认真和诚恳的样子。

3. 在问问题时，一定要问自己知道答案的问题，时刻牢记公司产品的功能和优势，让客户意识到他们的问题以及问题的严重性。

4. 一定要带上笔记本，专心听取对方的讲话，将客户所讲的每个重点记录下来，不时地点头、微笑、鼓励，假定客户自始至终所讲的每一句话都是有价值的。

5. 在倾听的过程中，不要和客户讲任何自己的产品或者服务，"沉默是金"，紧闭上你的嘴巴，不要事先讲出你的解决方案。

6. 了解客户和你们公司的产品或者服务相关的所有业务和存在的问题，了解他们的现状和最头疼的地方。

7. 获得潜在客户的网址和公司的标志，以便以后做演讲或者演示时应用，让客户感到我们是一对一的服务，是专门为客户设计的方案，如果可能尽量获得客户的电话列表。

8. 了解潜在客户所有头痛的问题，在后面的解决方案中一个一个进行解释和解决。

9. 在拜访完客户之后，一定要给客户一个会议纪要，一是感谢客户，二是和客户将会谈的主要内容进行总结，记录双方达成的承诺，澄清双方的责任和下一步的计划。

10. 根据拜访和调研获得的结果，为客户提交一份解决方案或者建议书。

>> 从客户头痛的问题着手

一个客户关系管理软件的销售商，一定会时刻在头脑中牢记销售 CRM 软件，他们会对于同样的问题采用不同的分析模式：首先找到企业的关键决策者，和决策者探讨企业的销售业绩为什么下滑。他们会分析出是因为客户的满意度不高，客户的投诉率太高，口碑效益太差。为何会出现这样的问题呢？是因为对客户的了解程度不够，客户真正需要什么不清楚。为什么对客户的了解程度不够呢？是因为销售人员流动得很快，销售人员将客户的信息放在头脑中带走了。如何解决这样的问题呢？解决办法就是上一套客户关系管理的软件。

五、解决方案和产品演示

（一）解决方案的书写与提交

将产品提交给客户以前，还要准备一份让客户满意的解决方案，一般情况下，可以按照如下"八股文"的模式书写。

1. 对客户背景的简单介绍，包括企业的名称、性质、在行业中的位置、产品、客户、供应商等的介绍。

2. 简单描述客户项目的背景和目标，表明对客户现状的理解和熟悉的程度，需要描述客户主要存在的问题和问题的严重程度，这些问题给企业带来的恶果。

3. 为了解决企业现在存在的问题，应该使用的解决方案，分析方案的优势和劣势，最好能提供投入产出比。

4. 详细展开解决方案，进行方案介绍，包括整体方案，需要的其他辅助设备、外围、相互之间的接口，方案的兼容性、可扩展性、安全性、易用性等。

5. 如果项目比较大，就要将项目分成几个不同的阶段，介绍项目各个阶段所需要的人力、物力和时间，项目里程碑和提交的阶段性成果，验收标准等。

6. 介绍项目组应该由哪些成员、单位组成，各自的职责是什么。

7. 项目的报价（可以分阶段报价，取决于项目的策略）。

8. 附件，公司的介绍、产品的详细指标、成功案例、公司的一些承诺。

当然对于不同的产品提交的方案也不同，有些简单的产品（像电视机、电脑等）可能仅仅有产品说明、一些检测标准参数、安装和维修保证、其他的配件等。对于大型复杂的项目，像企业 ERP 的建设，就需要几乎所有上面的步骤。

在提交方案时，一定要非常认真地对待，要将方案制作得精美、有分量，而且上面一定要标有客户的标志（logo）和年月日等，这样给客户的第一印象就是：这是一家大公司，该方案是专门为他们设计的。

（二）产品演示

当给客户提交了方案以后，客户一般会要求我们对方案进行讲解或者做产品的演示。那么如何做好产品的演示呢？这是非常重要的一个步骤。如果销售人员能将客户的关键决策者邀请到自己的公司来观看产品演示或者听取解决方案介绍，那么项目成功的几率就要大得多。很多销售人员总是非常被动地接受客户的要求，很少给客户提出要求或者请求。这里，特别建议销售人员将客户邀请到自己的公司观看产品演示，这是一个非常有效的办法。

如果客户能亲自上门要求进行产品演示，那么销售人员就有机会安排客户的关键人物和公司的关键人物会面，和公司的其他客户服务、技术支持人员等见面，让客户了解公司的规模等。此外，如果邀请客户来公司观看产品演示，一定要整理好公司的接待室和办公室，最好在公司的门前放上鲜花和欢迎标语，并且准备好投影仪、白板、会议打印的资料、茶水和一些必要的小礼品。此外，最好将客户的公司标志（可以从客户公司的网址上下载）加到演示的 PowerPoint 模版中；将客户来访者中主要决策人的相关资料收集整理后交给自己的老总，以便双方有共同语言等。注意：如果演示需要很长时间，还要考虑安排客户用餐的问题，这些都要事先和客户商量好，并在演示之前认真检查确认。

1. 产品演示的步骤

（1）日程安排。

● 9：00—9：10：双方领导会晤

● 9：10—9：20：欢迎和介绍

● 9：20—9：30：合作回顾、项目背景和项目目标，客户需要解决的问题

● 9：30—10：20：方案介绍、产品特点演示

● 10：20—10：50：讨论方案、价格和合同细节

● 10：50—11：15：参观办公室（最好安排客户和相关客户服务人员、技术支持人员见面）

（2）发出邀请。打印出详细的时间安排，发给公司内部相关人员；非常郑重地发给客户作为邀请函，方便时，附上到公司的路线图。

（3）安排参观。可以建议客户参观成功案例，或者和关键客户的决策者事先通话，尽量早让客户多了解公司的产品、服务和口碑。为了保证演示的成功，让客户和同行、同级别的其他客户进行沟通、求证。但是销售人员要事先和预沟通的客户朋友"打招呼"，使得项目可控。

（4）演示排练。关键的演示一定要事先排练好，要确保演示的成功，要事先准备好客户到底会问什么样的问题，如何做回答，谁来回答等。

（5）现场演示。销售人员一定要记住，现场演示时要确保客户的关键决策者到场，否则演示就很难成功。如果客户的关键决策者无法到场，最好将演示推迟进行。在演示之前，最好让客户先看竞争对手的演示，事先了解客户看中竞争对手产品的哪些方面，以便演示时能突出重点。

2. 产品演示过程中的注意事项

（1）在做演示时，要安排一个善于演讲、善于调动大家情绪、善于讲故事的人来演示，切勿照本宣科。

（2）在演示时，不要只是讲，要善于抓住客户的心理，不时提一些问题，也可以自问自答。所问的问题必须是客户关心的问题，答案也应该是合乎逻辑和事实的。有时你可能预见到客户会问什么样的问题，或者碰到了哪些困难，那么在演示时，你可以主动提出这些问题，或者列举一些以前的客户经常提到的问题，然后自己作答，这样就显得你，非常了解客户的需求，非常有经验。

（3）在演示时，尽量将客户不熟悉的术语简单化，让客户能听得懂。事先了解客户关键人物的职责和所学的专业，在演示时使用客户的专业术语讲，客户会感到非常亲切。

（4）最好在演示中涉及投资回报分析，为客户讲清方案的优势。为了获得客户的信任，销售人员最好事先在客户的老总处渲染演示人的权威性，这样可以让客户相信演示人的话是正确的，更容易被客户接受。

（5）专家在演示时，最好也讲一讲客户看过的竞争对手产品的优势（当然这些优势不会影响到客户对自己产品的选择），这样客户会认为专家讲话是公正的是值得信赖的。建立信任后，专家就可以多强调自己产品的优势，在哪些方面竞争对手是无法实现的（不一定仅仅是产品的功能），比如客户服务支持上、专业人员数量上、公司规模大小上、市场占有率等。

（6）在演示结束时，要非常自信地总结选择自己产品的主要理由。

（7）演示结束时，一定要和客户定下来下一步的计划。比如签订合同的仪式等。

六、排除异议

在和客户接触的过程中，客户会有各种各样的异议，有的是善意的提醒，有的是恶意的攻击，有的是不满的信号。那些刚刚入道还没有更多经验的服务人员，经常将客户的异议认为是要求我们进一步提供产品或者服务，没有认清客户的真实意图，往往跟踪了很久，结果只是浪费时间。因此客户服务人员一定要很快辨认出异议属于哪一种，以便销售和客户服务人员快速调整服务的模式，满足客户的需求，达到营销和服务的目的。

（一）常见的各种异议

我们首先来看客户的一些异议，看看是否你也碰到过这些异议？

1. "看来你们的产品不错，我再看看别的产品对比一下。如果你给我的是最低价，我就再回来购买你的产品。"

2. "产品和方案都不错，坦白地讲，今年我们的预算用完了。"

3. "演讲的非常精彩，我们公司的需求也不小，我还得和我们的老板商量商量。"

4. "这一次算是了解你们公司和产品了，等到我们真的有需求时，我会首先考虑你们的产品的。"

5. "听起来很好，但是我们现在的产品用得挺好的，好像没有必要再花钱换掉以前的产品呀。"

6. "谢谢你的演讲，现在不行……不过，可以将你们的资料留下来，我研究研究。"

7. "不用过来了，先把你们公司的资料发给我吧。"

8. "你们的产品很好，但是××公司的好像比你们的价格便宜多了。"

9. "半年以后再找我们吧，那时我们才会考虑。"

10. "我们现在还在考察其他几家的产品和方案。"

11. "放心，我会长期关照你们公司的。"

12. "我们在购买之前会很好地研究的。"

13. "质量对我们并不太重要。"

14. "我们最近的生意不太好。"

15. "你们的产品真不错，但是你得找我们总部，我们一般是统一采购。"

16. "你们的价格太高了。"

17. "我们需要招标，需要至少三家来应标才可以。"

像上面这些异议，表明都没有成交。更可怕的是给销售人员下"逐客令"了，而且没有下一步做什么的具体建议。如果一个销售人员已经在客户身上下了很大的工夫，但是还是听到了如上的一些异议，销售人员应该如何行动呢？如何判断该项目自己胜算的几率呢？该做出什么样的决定呢？下面我们将主要讲解客户异议的类型和处理方法。

（二）客户异议的类型

在每一个项目中，不要怕出现异议，异议是"小红旗"的一种，关键从客户的异议中很快了解客户的真正意图，从而做出准确的判断。每个客户服务人员都会遇到各种各样的异议，要想处理异议，就要学会辨认客户异议是善意的谎言还是真正的反对。我们将异议分为如下五种类型：

1. 限制型异议——马上放弃

在所有的异议中，限制型异议是最糟糕的一种。一般情况下，销售服务人员和客户已经建立了相互的信任关系，客户也已经决定购买或者已经进入到实质性阶段，但是突然遇到一个终止销售过程的"限制性条件"。比如客户已经决定购买时，他们公司发生了一个突发事件，如财务危机或者主管领导换掉，或者企业让别的企业给并购了等，像这样的情况项目可能完全停止或者无限期拖延。对于这样的客户，如果没有其他得力的"教练"①，建议尽快放弃该项目，重新寻找新的潜在客户。

---

① 参见鲁百年《大客户战略营销》，北京大学出版社。

2. 掩饰型异议——重新定位

当客户对客户服务人员或者销售人员不满时，一般不愿直接讲给销售人员听，一是不愿意伤害销售人员的感情，二是觉得销售人员已经跟踪了很长时间，现在讲实话很尴尬，这种异议就是掩饰型异议。客户"善意的谎言"背后一定隐藏着客户真实的想法，如果不能很快抓住这些真正的想法，销售人员将会陷入一个尴尬和僵持的局面。

很多时候，客户为了摆脱销售人员无休止的干扰，会讲"善意的谎言"。比如当听到客户讲"我们的预算用完了"时，销售人员一定要根据自己和客户的关系程度来判断客户所说的是真实的情况还是一个善意的谎言。一般情况下，如果销售人员和客户的关系很一般，客户一般不会告诉销售人员真话，多半情况下只是一种推托之辞。在销售的最后阶段，如果不断出现这样的异议，销售人员就一定要小心了。销售人员务必重新定位这次销售机会，判断自己以前的定位是否准确，成交的可能性还有多大。要分析客户和其他竞争对手的关系如何，是因为销售人员还没有真正领会客户的个人需求，还是客户原本非常支持该项目，但是因为竞争对手提供了更好的方案和更优惠的条件而"变心"？

3. 拖延型异议——找出原因

当客户迟迟拿不定主意时，也会产生一些异议，比较明显的例子是"明天再说吧"，"我们还需要再讨论讨论"，或者"最近我们太忙了，等一段时间吧"等。如果客户只是想通过拖延时间的办法向销售人员暗示需要更进一步的探讨和谈判，而不是敷衍搪塞、不愿意继续打交道，那证明他们只是想在其他方面争取更多的优惠，这种情况是比较容易解决的。如果客户是想为自己争取更多的时间和竞争对手探讨合作方式、更优惠的价格等，销售人员就要和客户像朋友一样，推心置腹地谈谈，了解客户的真正想法，是因为有其他竞争对手的介入，还是因为某人讲了什么关键的话让客户对产品或者服务有所担心，或者客户从其他方面了解到自己的产品或者服务有缺陷，或者竞争对手为了争取时间而对客户讲了一些我们的产品或者服务的某些"致命的"弱点？（可能是竞争对手夸大其词）等等。

4. 挑战型异议——反弊为利

所谓挑战型异议，是指当客户从竞争对手那里获得了对销售人员不利的信息后产生的异议。对客户提出的产品实质性缺陷或者不足之处，销售人员应该做比较专业的解释，一般应该有一份事先准备好的答案模版供参考。

5. 疑问型异议——购买信号

疑问型异议是客户已经决定采购你的产品或者服务，但是在对合同或者建议书中的一些条款进行落实的过程中发生了一些意见不一的情况，这种情况是销售人员最容易对付的。比如，"你们的产品报价包含服务和培训吗？"这表示客户已经决定购买你们的产品，只是还需对一些具体的细节问题进行落实。

在上面的五种异议中，相对而言，后两种比较容易辨别客户真正的想法，前三种较难判断。不管在销售过程中碰到哪些异议，我的经验是将客户当朋友，事先和客户交心，共同探讨面临的问题，才能更好地帮助销售人员解决实际存在的问题，应对对手的挑战。

（三）异议背后的真实想法

异议有很多种，快速把握客户的真正想法是销售人员必修的一项基本功。下面归纳了一些最常见的隐藏在异议背后的真实想法：

1. 客户没有决策权，所以需要上级审批。

2. 没有真正满足客户的个人需求，他们等待着销售人员揣摩客户的心理，提供承诺。

3. 客户已经和竞争对手达成了协议，需要几个"垫背"的供应商，而你和客户还没有建立充分的信任关系，客户不对你讲实话。

4. 客户听信了竞争对手邀请的某关键人物讲的销售人员个人、产品或者服务等的一些"坏话"，导致客户犹豫不定。

5. 客户正在货比三家，了解其他客户的产品和服务，以及价格情况。

6. 客户的预算不足，将该项目的预算挪做它用了。

7. 客户没有看清楚投资回报，不知道投入是否值得。

8. 客户对行业供应商了解不足，还没有建立起足够的信任关系。

9. 客户认为合作还存在着一定的风险，等着化解这些风险。

10. 客户认为销售人员的报价太高。

11. 客户对产品或者服务或者销售员本人不喜欢。

12. 客户怀疑你公司项目实施的能力不强。

13. 客户认为你的报价太低，可能会给服务和实施带来很大的风险。

（四）处理客户异议的步骤和方法

当客户提出异议时，一定不要畏惧，销售人员就是要解决大家认为没有办法解决的问题，将销售的僵局转换成为真正的成交机会。当听到客户的异议如"你们的价钱太高"时，千万不要认为自己没有希望了，应该认为至少还有一半的成交希望。下面我们主要讲处理客户异议的步骤和7P方法。

第一P，暂停（Pause）。当客户提出异议时，一定要认真倾听，不要打断客户的讲话，要让客户充分发表完意见，然后真诚地注视着对方的眼睛，有必要的话还要将客户的异议记录下来，这样表示对客户的尊重。当客户讲完后，要先暂停，不要急着回答客户的问题。

第二 P，探索（Probe）。当客户提问完后，暂停几秒，首先赞扬对方，比如"张总，您提了一个非常好的问题"，要站在客户的角度看待客户的异议，对客户讲"我非常理解您的担心"，或者"去年我们的一个客户在购买我们的产品时也曾提出过同样的问题"；然后将客户的问题重复一遍，"如果我没有理解错的话，您的疑问是……"；最后询问客户这样理解是否正确。这样可避免不必要的误解，而且也给自己争取了时间，以便充分准备问题的解释和答案。俗话说，言多必失，只有尽量让客户多讲，才能完全了解客户真正的问题所在，才能更有针对性地解决问题。

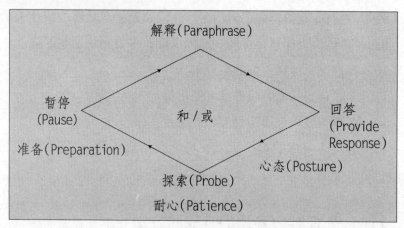

图 7-3　处理客户异议的方法

第三 P，解释（Paraphrase）。对于当时能解释的，一定要真诚地做出解释，否则面对客户充满期待的眼睛，任何谎言都可能让客户看出来。注意，在解释时，尽量客观一些，多采用一些第三方的案例、资料和综述报告，并且在讲第三方案例时，应该有可信性元素，如时间、地点、人物等，让客户听后知道你所说的均是事实。有时为了加强解释的力度，你甚至可以讲，如果有必要可以给当事人××打电话确认，或者可以现场参观，这样不但处理了客户的异议，而且还给销售人员带来了进一步单独接触客户的机会。当销售人员无法当场回答客户提出的异议时，应该讲"您所提的问题很好，但是我也不太了解这方面的内容，不过您放心，我马上请我们的专家核对您关心的问题，明天早上 9 点之前一定会给您一个满意的答复，这样可以吗?"对于不懂的问题，千万不要装懂，最好的方法就是回去探讨，然后创造单独和老总见面的机会。而且在解释的过程中，要多站在客户的角度。优秀的销售人员总是会提前讲出客户可能的顾虑，比如"在这个时候我知道你在考虑什么"，"一般情况下，客户会有这样的顾虑……"等，还没有等客户进一步提问，你就预先讲出客户可能会问到的问题，这样客户就会把你当成专家，信任你。

第四 P，回答（Provide Response）。做了必要的解释之后，还要在约定的期限内给客户一个圆满的答复。注意一定要保持自信，即使不能成交，也要努力争取下一次合作的机会。回答时最好主动一些，比如客户讲"你们的价钱太贵了"，销售人员问"那您认为多少钱合适?"当客户给的价钱在容许范围之内时，马上问客户"如果我们想尽一切办法争取到这个价格，您能保证今天成交吗?"如果客户的异议是成交的唯一障碍时，那么成交的机会就很大了。如果客户关心的是服务问题，可以给客户讲最成功的服务案例，并可以邀请客户到现场参观。这样既可以创造和客户进一步单独接触的机会，也可以通过成功的案例增加客户被说服的可能性。

第五 P，准备（Preparation）。在拜访客户或者给客户做产品演示之前，一定要事先做好功课，认真研究客户的现状、竞争对手的情况，预测客户会提出什么样的异议，并针对各种不同的异议，拿出相应的应对方案。比如准备好一些和客户公司规模相当的企业的成功案例、和竞争对手做对比的材料、产品的第三方检测指标、资格证书、市场份额占有率、国内和国际客户的名单、相关客户的联系人名单、公司的年报和第三方对产品评估的报告等，关键时刻还可以准备一些产品演示。

第六 P，耐心（Patience）。在处理客户异议时，一定要有耐心，要认真倾听对方的异议，一定要在听完并确认后再信心十足地站在客户的角度回答问题，要多引用第三方的案例和数据，不要"抢"对方的话。

第七 P，心态（Posture）。不要害怕客户提出异议，要敢于面对现实。知己知彼，百战百胜。我们不但要事先有所准备，还要心态平和，积极面对客户的异议。很多情况下，异议表明成交的机会之所在，客户有了异议，表明离成交也就更进了一步。没有异议，没有疑问，很可能表明潜在客户对你的产品根本不感兴趣。因此，销售人员应该学会处理异议的方法，对于异议应该欢迎，它是成交的"信号灯"，可以帮助销售人员打开成交的大门。

七、成交技巧

很多销售人员在成交之前整天忙碌着为客户服务，客户需要什么就想办法做什么，可就是没有办法成交。优秀的销售人员应该掌握一定的销售成交技巧，这样当成交前所有的工作均已做完时，不用催着客户成交，而是让客户主动提出成交要求。下面我们主要讲成交的策划和成交的技巧。

对于大型的产品或服务销售而言，只要将客户当朋友对待，真正为客户着想，很快就能和客户建立起相互信任的关系。有了相互之间的信任，和客户探讨合同签订的日期、正式签订合同，以及安排项目实施计划就都是顺理成章的事情了。但是，对于一些小型的产品或服务销售而言，特别是相对较小的零售型销售，销售人员面对的客户特别多，没有很多时间和客户建立长期的关系，这时销售的成交技巧就显得非常重要了。

成交应该是售前所有劳动取得的自然成果，它是销售过程的顶点，那么何时提出成交请求最合适？如何提出呢？一般情况下，有两个信号表示销售人员应该马上提出成交要求：一是当客户放慢节奏时；二是当所有规划的步骤做完时。否则，客户可能还会没完没了地提出更多的要求。但是如果在时机不够成熟时贸然提出成交请求，加之语言表述不恰当的话，则很可能导致产生更多的异议和尴尬。

成交的技巧对于服务型营销还是非常管用的，一般有以下七种：

1. 假设型成交技巧：当顾客对你的产品或者服务已经了解，也有点动心，但是就是没有最后决定是否购买该产品，这时可以使用假设型成交技巧。例如："你希望将货发到什么地方？""我知道你对该产品很满意，请问在周三快递可以吗？""我们已经讨论了所有的问题，在基本协议框架上也完全达成了一致，我们现在可以签合同了吗？""好，事情就这样定下来了，接下来要做的唯一工作就是完成这份合同，现在开始好吗？"

2. 选择型成交技巧：当顾客已经动心，就差签订合同时，常用选择型成交技巧。例如："你认为是周二发货还是周四发货？""请问你是用现金结账还是用信用卡结账？""我们是对经理主管单独培训，还是和其他人员一起培训？"

3. 综述型成交技巧：当和客户讨论了很多的问题和解决方案后，对前面的工作做出总结，然后提出成交称为综述式成交模式。例如："您可以看到这份方案可以为贵公司节约相当大的开支，请问您准备何时将我们的方案付诸实施？""我们的产品质量和技术服务已经满足了贵公司的要求，我们的报价也有一定的竞争力，那么最后一件事情就是我们的协议要获得您的批准。您准备现在在这里签字吗？"

4. 不客气型成交技巧：当顾客基本上对产品或者货物比较满意，

但是还没有最后决定时，使用不客气型成交技巧这一招有时也很管用。如："如果你不马上做决定，我就将产品介绍给另一个急需的客户了。"

5. 额外激励型成交技巧：为了加快签订合同的速度，经常利用激励的模式刺激客户的最后决定。例如："我已经获得授权，如果你现在订货，我额外再提供给您一年的保单，仅此一项就可以为您节约至少 500 美元，但是必须在这两天签合同。""我们这个月有一个推广活动，如果您在二月份以前签单，您将获得 10% 的额外折扣。您不觉得现在是签单的好机会吗？"

6. 最后机会型成交技巧：为了促使客户成交，销售人员会经常使用另一技巧——最后成交机会。如："如果你现在不做出决定，下周会涨价的。"

7. 空白订单型成交技巧：当发现顾客已经动心时，销售人员拿出订单，填好合同，将合同交给顾客，让顾客在上面签字，这就是空白订单成交技巧，有时也是挺管用的。

》 成交技巧的应用

有一位先生去买房子，通过看样板房，他对房子的结构、户型、价钱都比较满意。这时售楼小姐也看出他真的动心了，可是，这位先生就是不能做出决定，这时售楼小姐讲："您最好在明天中午 12 点之前将 2 万元定金交来，否则仅剩下的这套房子恐怕就要被别人买去了，您看，还有这么多人等着呢！"讲完她拿出登记本给那位先生看，上面果然密密麻麻一串很长的名单。听售楼小姐这么一说，他非常犹豫：如果明天 12 点前不交定金，这套自己看上的房子真的卖出去了怎么办？如果明天交了定金，决定就没有办法更改了，毕竟还没有经过实地考察。激烈的思想斗争的结果是：第二天中午 12 点前，这位先生备齐了定金来售楼处看房。第二天中午售楼小姐带着这位先生看了现场，结果他发现该房子的位置不够理想，被别的楼挡住了光线，他不满意，无法成交。没过几天，售楼小姐又通知他看另一套房子，结果很快成交了。

这则案例中销售人员采用了"不客气型的成交技巧"，虽然第一次并没有成交，但是已经让购房先生坐卧不安了。这种"几乎接近成交"的情形，生活中我们应该都有亲身体验。

八、售后关怀

我们知道，仅仅将产品和服务卖给客户不能算是高水平的销售人员，高水平的销售人员不仅要将产品和服务卖给客户，还要让客户变成回头客；但是这还不算是顶级的销售人员，顶级的销售人员不但将产品或服务卖给客户，而且要让已经成交的客户自愿帮忙推荐新客户前来购买产品或服务。那么，如何才能达到一个顶级销售人员的水平，让客户成为我们的"义务销售人员"呢？

"真正的销售在销售之后"，这是日本著名企业家土光敏夫先生的一句至理名言。销售之后是什么？是服务，准确地说，是售后服务，是服务的全过程或者全过程的服务。客户怎样才会自愿为我们推销产品？一方面，我们不仅要提供令客户满意的产品，另一方面，还要有令客户满意的服务。

很多销售人员认为，和客户签订了合同就表示销售过程结束了，实际上，销售过程才刚刚开始。比如电信行业将手机卖给客户，如果客户不用，那么电信行业就不会产生任何效益。对于绝大多数行业而言，将产品卖给客户并不是终点，更重要的是要通过客户服务和客户关怀，让客户在使用产品和服务的过程中感到满意。所以，销售人员和客户服务人员必须齐心协力、全力以赴，这样才能保证客户满意。

在产品售出以后，如果销售人员能够经常和客户保持联系，经常去拜访客户，了解客户在使用过程中碰到了什么问题，并主动提供帮助，那样不仅有助于公司收回尾款，而且还能让客户感到销售人员时刻在为客户着想，便于和客户建立起真正的关系，给公司、产品以及销售人员本身带来正面的口碑效应，从而进一步促进产品销售。

》 产品说明书引起的误会

一位大学教授买回一台功能十分齐全的传真机，有一天，他想用这台传真机发封传真给他在国外的儿子，可是怎么都发不出去，他非常生气，实在没有办法，只好拿到校长办公室发了。最后，费了好大的劲才知道，原来是说明书上介绍的"转发传真"按钮的作用引起了误会，教授认为"转发传真"按钮的功能就是将原来的电话功能改为发传真。问题就出在说明书上没有解释什么是"转发传真"，因为制作说明书的人认为大家应该都会明白的，但是却引起了教授的误会。咨询时客户服务中心服务人员还讲，这个问题已经不止一个人遇到了。既然如此，为什么不能在产品卖出之后对客户做一些简单的培训，教会客户如何使用，表示对客户的关怀呢？

销售是一种服务，服务也是一种销售，而且可能是一种更加重要的销售；尤其是在消费者日臻成熟和理性的今天，销售过程之内和之外的所有行为，都影响着销售的效果。比如，销售人员在将产品卖出去后，要对客户进行培训，让客户会使用自己的产品。产品的说明书要尽量的人性化、简单易懂，特别是让那些从来没有使用过我们产品的人一看就知道如何使用，避免引起客户的误解，这就需要企业的相关部门多听取客户对说明书的意见，站在客户的角度撰写说明书。

>> 销售之后的销售技巧

＊产品销售出去以后，对于客户经常问的问题，一方面可以通过修改说明书或者增加补充说明来指导客户使用，另一方面，也可以通过对客户进行电话回访，将问题消灭在萌芽状态，而且还容易感动客户，获得客户的支持。当客户有问题时，能帮助客户解决的应该尽量帮助解决，实在无法解决时，可以主动提出更换产品。

＊要积极主动地提供售后服务，可以将客户购买产品的日子作为产品的"生日"，每到生日时，主动送客户一个"生日礼物"，比如按时检修维护，主动关怀和问候会员客户的家里人。对于维修过的产品，在一周之内要进行回访，了解维修后的使用情况。还有些产品，比如空调等，在使用季节前厂商要主动进行检修。

＊时刻牢记，要将已经签约的客户发展成为成功案例、行业内广泛流传的佳话，最好将客户的关键决策者变成其他项目的推荐人或者可参考的模范。只有这样产品才会有好的口碑，公司才能长盛不衰，销售人员才能建立起自己的信誉，不论在哪家公司任职都能飞黄腾达。

客户也疯狂 | 培育"粉丝"客户的
服务与营销技巧

第八章
以客户为中心的
服务技巧

一、客户细分的原则和方法——一对一模式

很多人讲，银行是给富人开的，人越穷，存钱越少，越要收手续费。我们知道，无论任何人在银行存款，银行都是需要花费成本维护的，相对而言，小客户给银行带来的利润少，成本比例自然就高。因此，根据商业银行的运作规则，银行对不同客户采取了不同的管理模式：小客户必须为自己的账户维护买单，大客户则可以享受贵宾的待遇。比如在招商银行，理财金账户的客户不但在服务上可以享受贵宾客户室的专门服务，而且像异地汇款等业务也是免收手续费的。

一般一个客户经理可能需要管理 300～400 个客户，但是是不是每一个客户都要照顾到呢？显然，这基本是不可能的。那么如何取舍呢？客户经理就必须通过客户细分，找出那些能够给企业带来 80% 利益的 20% 大客户、优质客户，然后记录、跟踪、服务、关怀这些大客户。下面我们列举几则有关客户细分的具体案例。

（一）根据客户的需求，设计产品包

在电信行业，很多做销售工作的客户可能每天都在全国各地跑，特别是跨国大公司的销售人员，手机漫游费就会很高。但是他们的话费可以报销，有的公司可能是限额报销，比如每月在 1500 元以内，有的公司限额在 2000 元以内，有的则可能限制在 800 元以内不等。这类客户，如果公司对他们的话费限制不是非常严格，那么他们对自己打多少电话并不太在乎。而对于像学生这类客户，他们对通话时间的长短、费用的多少比较敏感，他们更希望有一种既省钱又实现即时沟通的产品，于是电信运营商专门为这类客户设计了"动感地带"套餐。不同的人有不同的需求，我们首先要了解他们要什么，对他们进

行细分，然后才能提供令他们满意的产品或服务。

（二）根据客户的特征，进行个性化理财服务

在银行业，如何为客户设计不同的产品，也需要了解客户的需求，对客户进行细分。细分的根据是客户财产的规模、收入和支出的水平、预期目标和风险承受能力、年龄阶段、职业性质、收入水平、家庭结构以及个人性格。对于收入稳定、风险承受能力低的客户，最好推荐具有固定收入、保本型的理财产品，诸如保本型基金、国债等，虽然不是绝对不亏，但风险相对较小。对于收入较高的、风险承受能力较强的客户，可以推荐高收益型的理财产品，比如外汇买卖、股票、期货等。

（三）根据客户的心理，处理航班误点引起的纠纷

碰到航班误点，客人通常会非常生气，如何处理这些棘手的问题呢？首先，我们要对客户进行细分，按照客户的类型、个体心态可以将客户分为六类，然后有针对性地采取有效的解决措施。

1. 焦虑型（耽误转机或者重要约会等）：可以通过使用贴心的话语、承诺抚慰。

2. 怀疑型（对航空公司的解释不完全相信）：谨慎解释，采用沟通学上的回避原则。

3. 愤怒型（本来心情就不好，或者经常碰到飞机晚点，导致情绪波动很大）：尽量隔断他与其他客人之间的联系，在客人情绪平稳以后，再寻求解决方案。

4. 窃喜型（心智不正常）：合理合法的强制性措施。

5. 冷静型（语言不多，每句击中要害）：及时准确的信息传递。

6. 恐惧型（从没碰到过飞机误点，怕到达后无人接机或者不懂目的地的语言等）：心理安抚。

二、客户在乎被尊重的感觉

为什么在处理客户投诉时，客户总会要求见服务人员的上级或老总？很有可能是因为服务人员的某句话、某个动作或者某个眼神表现出了对客户不尊重，虽然言语动作不是故意的，但是仍然可能惹怒客户。所以服务人员在每个细节上都要多加注意，让客户体会到被尊重的感觉。比如，企业的老总总是受到尊敬，每天会有人向他们鞠躬敬礼，帮他们开车门，他们习惯了发号施令，统领别人，所以当他们成为消费者或客户的时候，他们也希望享受绝对服从的高质量服务，因此当服务人员语言稍有不慎或者表现出不尊重时，他们就会感到不平衡、不满。所以建议把这样的客户当成贵宾特别对待。

》 教授发火了

有一次在南京市江宁开发区做培训的时候碰到一个情况，一位德高望重的教授一定要见某公司的老总，因为他觉得自己受到了侮辱。事情是这样的：某小区的业主主要是一些老教授和院士，开发商承诺在装修期间，可以为业主提供午餐，但是当这位教授带着装修工一同去吃午饭时，餐厅工作人员不让，说午饭只能提供给业主，不能提供给装修工，教授觉得丢了面子，一下子被惹恼了，一定要见老总理论一番。如果老教授确实不知道这样的规定，而服务人员当着众多人的面，执意不让工人吃饭，老教授当然觉得丢面子。那么，服务人员应该怎么做呢？首先一定要尊重老教授，在老教授结账时，先征求他对饭菜的意见或建议，如果他满意，那么在他高兴的时候，注意不要当着装修工的面，拿出公司的规定材料，讲："很高兴您来就餐，对我们的饭菜如此满意，其实我们这里有规定，午餐是对业主的，今天我看您已经带来了客人，就让他们也吃饭了。明天如果还要过来就餐，能不能先给他们预订一下，我们好提前做准备。"这样老教授就非常感激，第二天也许就不会再让装修工来了。服务人员讲话时一定要面带笑容，先真诚地赞扬对方，让对方高兴，然后再提建议。

》 尊重改变客户购买的态度

有一天，一位55岁的妇女走进世界上最伟大的销售员乔·吉拉德的展销室，闲谈中，吉拉德得知这位夫人希望购买一辆白色的福特车作为自己今天的生日礼物，刚才去了福特车行却让她足足等了一个小时。

听完，吉拉德马上对夫人讲："生日快乐！夫人。"并且立即安排夫人到里面看车，自己走出展室向秘书交代了一件事后又回来了，然后热情地给夫人介绍："夫人，您喜欢白色的车，我们这款雪佛莱双门车就是白色的。"一会儿秘书手捧一束玫瑰花献给夫人："祝您长寿，尊敬的夫人！"夫人非常激动地说："已经很久没有人送给我礼物了。刚才福特车行的那位推销员看我是开着一辆旧车来的，以为我买不起，他让我等会儿再去，其实我也不一定非要买福特，只不过我姐姐买的是福特，她说福特的性能还不错。现在想想，不买福特也可以。"

整个销售过程，吉拉德并没有劝夫人放弃福特而购买雪佛莱，只是给了夫人应有的重视和尊重，所以使得夫人改变了主意，选购了雪佛莱。

三、熟悉产品和流程，减少失误

在服务过程中，服务人员仅有热情是不够的，还必须具备较高的专业素质，这样才能在服务过程中做到得心应手，麻利地为客人解决各种问题，从根本上提高服务质量。

服务人员必须具备良好的业务素养。试想，需要用英语与客户交谈者不懂英语，就无法与客人沟通；需要为客户熨衣服者而不会识别衣料，结果把衣服熨坏；需要为客户处理应急事务者不懂处理程序，而延误了时间……如此这般，根本谈不上"服务质量"的问题，至于"提高"二字就更谈不上了。

当然，绝大多数服务人员都是经过专门训练的，已经具备了一定的专业素质。但书本上的问题和实际工作中碰到的情况还是有差别的，一个好的服务人员，肯定会在工作中不断进行这两方面的"调试"和"互补"，把自己调整到最佳状态。如果你问他们"如何提高服务质量"时，他们一定不会忘记谈到关于自身业务素质的问题，因为他们一直都在进行这方面的努力。相反，有不少服务人员就缺少这方面的意识，忽视了这方面的追求，因此工作不求"做得好"，只求"过得去"，这对提高服务质量有百害无一利，应加强培训和调整。

某些时候，客户服务和公司的规章制度往往存在一定冲突，规章制度要求客户服务人员要遵守公司的制度，比如银行要求工作人员首先保证不要在客户服务上出现任何差错，可是客户希望服务人员更快捷、方便；一快就容易出错，加之工作人员的工作量很大，容易疲劳，疲劳也容易出错。速度和出错率看起来是一对矛盾，但是如果能够提高工作人员的工作熟练程度，就可以大大提高工作的效率。下面我们来看一个银行客户对银行服务不满的案例。

》 客户购买基金，客户经理竟忘了给合同

于先生在外企上班，每天工作非常忙，所以理财的事情就全权交由其夫人办理。于先生的太太是大学教授，对基金和理财颇有研究，她看上了一个理财产品，也进行了一些相关的咨询，最后决定购买。由于这笔钱是在她先生的账户上，是属于现汇，并且咨询结果表示理财必须本人亲自办理，所以她和先生商量希望将此现汇转到自己名下，但是银行答复说不能汇到她的名下，无奈，只好让她先生去办理。于先生是这个银行的大客户，可是从来也没有一位大客户经理和他联系过。他到了银行的营业厅，客户经理非常高兴，但是要让他重新办一张存折才可以办理这一理财业务，于先生无奈只好又办了一张存折。服务人员非常热情，服务也非常到位，热情地帮于先生办完理财业务，而且还希望于先生以后多和他们联系。等回到家里，于先生得意地告诉自己的太太，自己完成任务了。于太太看后问为什么又办一张存折，于先生讲是银行让办的，不办就不能在那家营业厅购买基金。于太太又问，基金的合同呢？于先生讲客户经理没有给呀，不是在存折上吗！夫人哈哈大笑，说没有合同怎么证明你购买了基金呢？第二天当于先生再次打电话咨询的时候，客户经理讲她忘了给了，让于先生去取，于先生非常生气。

这是发生在我们身边的一个真实的故事，其实很多时候客户的不满都是由于业务人员对产品、流程不熟悉导致的，因此客户服务人员工作时一定要用心，尽可能迅速熟悉公司的产品、工作流程，尽量减少失误，提高客户的满意度。

四、人性化的客户服务，让客户高兴

客户服务要尽量做到人性化，让客户高兴，同时不能违反规章制度。规章制度和服务有时是一对矛盾，如何处理好这对矛盾呢？下面我们来看几个例子。

》 餐桌上的一束花

我相信每个人都去过餐馆吃饭，也经常会发现在餐桌上有一束花，但是却很少有人知道这束花是做什么用的。

我们知道，餐馆里的每个服务人员都要照管好多餐桌，既要点菜、送菜、倒茶、买单，客人吃完饭，还要收拾餐桌。如何能将这么多事情有条不紊地完成，而且还不会忘掉提醒客户买单？这束花起了很重要的作用。细心观察过的人一定能发现：当客人坐到餐桌旁边时，服务员就将鲜花拿走了，这表明这张餐桌已经有人坐了，当客人买完单时，服务人员就将这束鲜花又摆回餐桌上，表明客人已经买完单。这样这束鲜花不仅起到了管理整个流程的作用，而且也让客人有个好心情。不了解的人还会非常感激服务员，认为当他们就餐时，为了方便用餐，服务人员才将鲜花拿走，当吃完饭后，又迅速将鲜花拿上来欣赏，多么人性化的管理啊！假如没有这束鲜花，也许会出现尴尬的局面。当客人已经结完账走出餐馆大门，但服务人员工作太忙而忘了客人是否买单，她迅速冲出去拦住客人提醒客人买单，这时客人十有八九会火冒三丈，和服务人员争吵起来，甚至会要求见经理。因为他们会觉得这样太丢面子了，特别是当着受邀请客人的面受到如此的侮辱，他一定不会"饶"过这个服务员。如果不幸吵起来，很多刚进门的客人就会离开，正在点菜的客人也可能放弃就餐。这样的事件一旦发生，不仅可能永远失去该客户，而且会给餐馆带来很大的负面效应。

就这么一束小小的鲜花，却既能让客人高兴，又能帮助餐馆做好流程管理。

>> **首都机场安检桌前的苹果**

当我们在美国机场要通过海关检查时，每个人的心里可能都不太舒服，因为要按手印。美国人天天将人权挂在嘴边却把乘客当犯人似的看待，大家心里自然不太舒服。下面来看看我们首都机场安检是怎么做的吧！

首都机场的安检处有个带着笑脸的苹果，多数人看到它都会不自觉地被这张笑脸感染而笑一笑，这一笑不要紧，正好你的脸对着摄像头，你的光辉形象马上被记录下来了，并且和你的机票、登机牌等信息对应起来。事实上这和按手印的作用一样，但是又绝对不会让客人感到反感，而且安检人员在客人心情舒畅的情况下顺利地完成了工作。

五、始终以客户便利为目标

（一）灵活调整工作时间

在做客户服务时，一定要以客户为中心，研究客户的需求和消费行为，相应地调整工作时间，以使客户感到更便利、更满意。

>> 不重视客户，就会失去客户

李先生是外企职员，每天工作很忙，中午休息的时间才可以出去办理一些自己的事情。有一天中午吃饭时间，李先生来到某银行营业厅，发现只有两个窗口在办理业务，两行队排得很长，而输企业业务窗口的工作人员却趴在桌子上休息。于是李先生在银行的意见簿上给银行留下建议，并写下了自己的名字和联系方式，但是银行没有和他联络。第二次他还是去这家银行营业厅办理业务，结果仅仅一个窗口在办理业务，等待办理业务的队伍排得更长了，几乎所有的客户都不耐烦了，可是工作人员视而不见。李先生又留下了意见，写下了自己的名字和电话号码，结果还是没有人理他。第三次，李先生终于将自己的存款全部转到了另一家商业银行。

银行的工作人员应该都知道中午吃饭的时间是客户最多的时候，那么为什么不能相应地调整一下吃饭的时间？比如通过统计发现，在下午2点和上午11点时段业务相对较少，那么吃饭的时间就可以调到这两个时间段。对于客户的意见，要及时反馈，很多客户离开的主要原因其实都是因为对他们的关怀不够。李先生之所以放弃这家银行，表面看来是因为这家银行的服务太差，实际上最根本的原因是自己的建议没有得到重视。

（二）解客户的燃眉之急

对于客户服务人员而言，只负责做好自己的本职工作是远远不够的，还要尽可能超越客户的预期。服务人员为客户提供超过自己工作范围外的服务，叫做解决客户的例外问题。只有积极主动地帮助众多客户解决他们亟待解决的例外问题，才能真正增加服务的价值，才能成为现代的"雷锋"，在客户中才会有好的口碑效应。

》》 "紧处加楔子"，我们该怎么办？

我是国航的金卡会员，每年乘国航的航班大约 80 次。有一天从家里出发到机场，可是在家门口等了 20 多分钟才打上出租车，还是一辆跑不起来的"破车"。司机着急，我也着急，结果司机一着急错过了去机场的出口，简直是"紧处加楔子"，越着急越出问题。眼看着登机的时间就快要到了，只好立即向国航地勤值班人员求救，地勤人员问大约几点能到，我说大约会比正常关闭兑换登机牌时间迟 10 分钟，值班人员问有没有行李，我答没有。没有想到，等我飞奔着赶到机场头等舱柜台时，工作人员早将机票换好等着我的到来，并且安排由快速通道安检，最后顺利登上了班机，没有耽误重要的演讲。对此，我非常感激国航地勤人员。像这样的服务就是超出了自己工作范围、超越客户预期的服务，更能使得客户满意、感激，从而更加忠诚。

这是一个很好的超越客户预期、为客户解燃眉之急的案例。但是现在这样的情形却不多见了，因为他们更强调要按照规章制度办事，普通的服务人员必须遵守公司的规章制度，结果这也引起了不少客户的不满。上次因为特殊情况，我又一次遇到了上面的情形，可惜国航的地勤人员没有一个人敢出来帮忙，结果我误机了。因此，我建议客户服务人员一定要有一定的权限，帮助客户特别是金牌客户解燃眉之急，这样才能在更大程度上获得客户支持，给企业带来更多的机会。

》》 超值服务带来更多的机会

1978 年 12 月的一天，意大利航空公司的总裁诺狄奥非常焦急地打电话给波音公司的董事长威尔逊，希望他在一个月内提供一架波音 727 飞机，因为他们公司的一架 DC9 飞机前几天在地中海出事了。

这下威尔逊为难了，一个月?! 当时的波音 727 飞机是热销产品，一般订货需要提前两年的时间。威尔逊没有马上答应诺狄奥，而是马上召集集团高层研究此事。很多人抱着"宁求无事"的观点认为"一个月太短了，如果一旦不能按时供货，还会影响公司的声誉"。但也有人支持"想尽一切办法满足客户的需求，如果怕担风险我们公司就不是波音了"。威尔逊马上要求有关部门制定一个满足意大利航空公司要求的合理建议。

相关部门马上进行研究，将已经下订单的客户按轻重缓急排序，并按照生产的情况和能力进行调整，在不损害其他客户利益的前提下，争取满足意大利航空公司的要求。经过缜密的分析和周密的安排，波音调整了生产计划，在其他订单中调剂出一架波音 727 飞机来，并答应一个月给意大利航空公司交货。

1979 年春天，距离诺狄奥打来电话还不到一个月的时间，在意大利航空公司的停机坪上落下了一架崭新的波音 727 飞机。诺狄奥本来没有抱多大希望，没想到波音公司雪中送炭，因此他非常感激波音公司。时间一天一天过去了，波音公司的人员已经淡忘了意大利航空公司波音 727 的事情，可是突然有一天在波音公司董事长威尔逊的桌上出现了意料之外的订单，意大利航空公司为了回报波音公司临危解难的义举，取消了向道格拉斯公司订购 DC10 飞机的计划，转向波音公司订购 9 架波音 747，价值 5.8 亿美元。

六、做对每一件小事，超越客户的期望

（一）从同行处学习细节管理

客户服务人员一定要时刻注意观察同行或者其他行业服务的流程和规范，在对比中不断寻求进步。

>> 五星级酒店的规范服务

从任何一家酒店提供自助早餐的流程，我们就可以了解到他们的客户服务的理念和方法。也许我们都有过体会，在一些四星级酒店，当你去吃早餐时，没有人理你，自己找一个座位，然后去领餐，等你领完餐回来时会发现虽然其他的座位还空着，但是自己刚才找好的位置已经让别人给"占"了。显然，这样的酒店服务就是不到位的。但是在规范的五星级酒店，当客人走到餐厅的门口时，服务员就会非常礼貌地走上前并将客人带到指定的座位，然后将"立"着的餐巾纸平放到餐布上，问："先生，需要茶还是咖啡？"然后顺手将右手边扣放着的茶杯摆正，倒上客人需要的茶或者咖啡，这样就表示此座位已经有人了，不会再出现被别人"抢走"座位的现象。这是一个非常简单却有效的流程，但是真正能做到的酒店却为数不多。

（二）小恩小惠买人心

在做销售和客户服务时，特别是在解决客人信任、客人不满等问题时，"小恩小惠"是一种十分有效的招术。

>> 高高兴兴"赶"走"大客户"

一证券公司，在佣金下调后的困难时期，他们通过客户细分发现原来公司认为的散户大客户其实并不是真正给公司带来利益的客户，而是釜底抽薪型或者底部割肉型客户。一直以来，证券公司给他们每人提供一台专用的电脑、一顿免费的午餐，周末还会为他们举办一些活动，细细算来，成本是相当高的，可是他们根本没有给公司带来任何效益。那么用什么方法将这些大客户们"赶"走，并且不会让他们感到不高兴呢？这不是一件容易的事情。最终，证券公司终于想出了一个办法，他们为每个大客户买了一台 PDA，大约 2000 元人民币，并且声称完全是为了让大客户们炒股更方便，不仅在吃饭的时候可以炒股，睡觉的时候可以炒股，甚至坐在马桶上也可以炒股，非常实用、方便；此外，除了炒股，PDA 还可以用来玩游戏。这样，大客户们认为占了便宜，高高兴兴地带着 PDA 回家了。

（三）男女搭配，干活不累

在《大客户战略营销》一书中我曾经讲到小品《卖拐》，那是一个非常好的解决方案式销售的例子，这里我还要强调一点就是，销售也讲究团队作战。大家可能认为高秀敏的角色是一个"托儿"，但是不得不承认的是，在销售过程中这样的团队组合很有效。特别是在见客户时，如果每次是男女搭配，当遇到男性客户时，以女性销售人员为主，往往客户不会对她反感或者直接将她轰出去，最少有了讲话的机会；如果客户是女性，以男性销售员为主，往往能将项目继续下去。在我培训过的一个企业，他们做过这样的比较，即将单个销售人员的成功率和男女搭配的成功率进行比较，结果显然后者更大。

（四）客户意料之外，获得惊喜关怀

毋庸置疑，不充分掌握客户的信息，就不可能很好地进行客户关怀。因此，销售人员必须时时刻刻做一个有心人，尽可能详细地了解客户的基本信息，包括姓名、性别、身份证号、所在单位、头衔、毕业学校、是否已婚、是否有小孩等。尤其是对于大客户而言，掌握的客户信息资料越详细，服务才会越到位。

>> **轻轻松松收集信息，简简单单感动客户**

张先生有一部特殊的手机，帮着他做了不少的客户关怀。他经常和朋友聚会，特别是和老总们在一起喝茶、聊天的时候，会说："你们看，我这部手机，有一个非常好玩的功能，可以算卦。"说完拿出手机，输入自己的姓名，马上就可以看到当天的爱情运有几颗星，财运有几颗星，健康运有几颗星，大家看了都觉得很好玩，然后他问老总："能不能把你的手机号、出生年月告诉我，我也给你算一下？"正是通过这种办法，他轻松地获得了老总的个人信息。当老总过生日的时候，张先生特地在网上订购了一本老总聊天时提到的他最喜欢的一本书，然后在书中夹上自己的名片，快递给老总。老总看到书后马上打电话过来，非常惊喜地问到："你怎么知道我什么时候过生日？还有你怎么知道我喜欢这本书呢？"这样客户在惊喜之余，非常感激他，从而使他的交际面越来越广。

当然，除此之外还有很多其他收集客户信息的技巧，比如成立一个客户俱乐部，周末搞一些活动，组织会员出去旅游，参加的会员都必须填一张基本信息表，这样从这张表格里就可以轻轻松松获得会员的最基本的信息。这些都是获得客户信息最基本、最有效的方法，是客户服务人员必须掌握的。

七、改进服务流程，以客户为中心

企业是不是以客户为中心、能不能站在客户的角度考虑问题，直接决定其管理模式和服务流程的成败。

》 人性化服务流程

在银行，由于有些工作人员对业务不够熟悉，加之客户的业务复杂，导致客户等待很长时间；而有些工作人员对业务的熟悉程度高，加之客户的业务也不复杂，处理的速度就非常快。这就导致排队等待的客户对一些工作人员的服务非常不满，总认为自己排错了队，不停地换队，还有人"加塞"，造成秩序非常混乱。但是自从银行安装了排队取号的系统以后，这样的问题就解决了。客户可以在进门的时候取号，然后只要坐在一边等着叫号就可以了，而且营业厅内一般都有自助的饮水机、报纸、杂志等，这样的流程更加人性化，多少给客户带来了一丝舒适和温暖。

这样的服务相当人性化，深受客户的欢迎，但是这只是解决了部分表面问题，还有一些实质性的问题亟待解决。比如，将很多只能去营业厅柜台办理的业务改成自助式服务，比如直接通过取款机、网上银行、电话银行、24 小时自助服务等办理。要做到这些，一方面银行要建立以客户为中心的服务系统，这样才能实现客户通过电话转账、网上或电话购买基金或股票等，才能在 ATM 机上取款或存款；二是要加大宣传力度，提高客户自助服务的比例，尽量减少客户到银行办理业务的工作量。

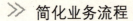

》 简化业务流程

现在北京的很多体检医院就改善了流程，大大减少了体检者到处乱跑找不到地方的现象。去之前，打个电话进行预约，他们会给一个号码和预约的时间，体检者只要按照预约的时间到达，拿上一张早就准备好的个人体检表格，按照导医人员的安排，一关一关的检查，等体检者检查完毕，医院还提供一顿早餐。在体检的大厅里，如果客人去早了，可以坐在舒适的沙发上等候，看着报纸或者杂志，也可以上网。

八、要么不承诺，承诺就一定要兑现

如何快速获得客户的信任，和客户建立起永久的相互信任的关系？非常重要的一点就是将销售人员自己"卖"给客户，并且所作的承诺一定要如期兑现。

销售人员不能迫于完成任务的压力，向客户推销产品本身没有的功能，许下根本不可能兑现的承诺，否则只会让客户越来越不信任你，不愿意和你继续打交道。所以，要么不承诺，只要承诺，就一定要兑现。比如，一旦和客户约定了见面的时间，就一定不要迟到。虽然迟到看起来不是一件大事，但是对客户而言，他们会认为你讲话不算数，还没有签订合同就这样，等签了合同，还不知道会如何对待客户呢！如果实在因为有特殊情况不能按时到达，一定要提前打电话通知客户，非常诚恳地表示抱歉，并且讲清楚原因以及大概到达的时间，这样客户一般也是会理解的。再比如当答应客户提交什么资料或者完成什么事情时，也是一样，一定要按时保质保量地完成。对于自己没有100%的把握完成的事情，最好不要轻易给客户承诺，但是可以对客户讲，尽自己最大努力去完成，或者要求和客户一起齐心协力完成。

》 承诺 5 分钟，到时提醒客户

　　一位销售人员贸然前去拜访客户企业的副总，到了楼下给副总打电话，结果副总说他很忙没有时间，这位销售人员就讲："我就在您楼下，只要占用您宝贵的 5 分钟时间。"于是，副总答应了他的请求。见到副总时，销售人员直截了当地讲："我知道贵公司最近准备做客户关系管理的项目，我也刚完成了××公司的客户关系管理项目的实施，他们的林××总对我们的项目非常满意，我也很希望和贵公司合作，我没有太多的经验，但是有很多的教训，不知我是否能帮助贵公司实现目标，降低项目的风险。在合作前我很想了解贵公司为什么也要做客户关系管理这一项目?"

　　副总听了该销售人员在××公司实施过客户关系管理项目，并且直呼林总的姓名，心想他和林总的关系一定不错，而且他想了解竞争对手的公司为什么做客户关系管理，于是副总就放下戒备直截了当地和销售人员讲他们为什么要做客户关系管理项目。但是这个问题不是几分钟可以讲完的，加之销售人员非常自信的提问和认真倾听的态度吸引了副总，副总又开始讲他们公司的背景、最近出现的问题，以及希望通过客户关系管理这一项目解决问题。销售人员一边认真地听，一边看看手表，等 5 分钟到了时，销售人员提醒副总，时间已经到了。这时副总站起来，走到门外对他的秘书讲："我正在讨论一个重要的事情，请不要有人打扰我。"又继续回来和销售人员探讨了两个小时。

　　销售人员主动提出时间到了，这一小小的举动却感动了副总，他认为该销售人员是十分讲信用的，值得信赖。他们的合作自然也取得了成功。

九、各部门相互协作，减少客户流失

Yankee Group 提出，三分之二的客户流失是因为给客户的关怀不够造成的。我们都知道，很多潜在客户最终变成了我们的客户是因为公司的品牌、服务、产品、价钱和关系令他们满意。但是也有一部分客户可能会在一段时间内离开，他们为什么要离开？其主要的原因可能只是一件小事没做好或者一次服务不到位，结果使得客户心情不舒畅，感到不满。这时，如果我们没有及时发觉，并对他们进行关怀，那么他们很可能就会选择离开。对于客户流失的种种迹象，不管哪个部门发现，都要立即想办法挽留，特别是对大客户。

》 减少客户流失，从自己做起

王先生是某国有银行的大客户，他有两张信用卡，一张是他自己用的主卡，另一张是他夫人用的附属卡。信用卡开通之前，他和银行服务部门讲好用积分换年费，服务部门答应说到时候会处理的，结果到了交年费时发现，实际还是扣了年费。王先生非常不乐意，要求银行退回年费，结果服务部门讲，退年费几乎是不可能了，因为系统自动划拨入账了。王先生很生气，当天就将两张信用卡全部注销了。令人不可思议的是，在注销信用卡的过程中，竟然没有一个人问王先生为什么要注销。王先生自己也觉得奇怪，便问银行服务人员为什么没有人询问原因，结果服务人员答道："我们只负责办理退卡，不管为什么退卡，那是客户经理的事情。"一个月之后，大客户经理给王先生打电话了，他讲："我知道您是我们的优质大客户，每个月刷卡消费频繁，您为何退掉信用卡?"当大客户经理得知是由于年费的问题时,马上承诺给王先生免年费并重新办两张信用卡,可是一切为时已晚,王先生早已经成为其他银行的大客户了。

由此可见,对客户的关怀应该是公司上下每个人的事情,一旦发现有客户流失的迹象,要迅速通知大客户经理,尽快给客户施以关怀,这样才有可能将客户挽留住。

十、有效沟通,适时保持"沉默是金"

不少客户服务人员最大的问题就是,讲得太多,听得太少。"听"也是一门艺术,绝不是一件简简单单的事情。它表示了你对客户的一种尊重;能获得更多的信息,在客户投诉时一定要多听少说。

≫ "飞行员"小朋友为什么先"逃跑"了

在美国,有一位非常有名的电台主持人,有一次他问一位小朋友一个问题,说:"你长大了想干什么呀?"小朋友回答说:"我长大了要做飞行员。"主持人又说:"既然要做飞行员,那我先问你一个简单的问题,如果有一天你突然发现你的飞机没油了,你该怎么做?"小朋友想了想说:"那我就让所有的乘客都赶快系好自己的安全带,然后我自己带好降落伞跳下去。"所有人听了都哈哈大笑,说这小孩子怎么这么小就这么自私呢。可是这时候小朋友的眼泪流下来了,主持人就问:"你为什么流眼泪呀?"小朋友说:"因为我要下去找油,找到了再回来把大家带走。"

这是一个非常好的关于倾听的案例。因为大家没听完这位小朋友的话，所以误认为他太自私了。因此，听是非常重要的，我们应当适时保持"沉默是金"。

》 老总赐给"耳背"人的销售大单

有一位销售人员，耳朵有一点小问题，所以每次他去见客户的时候，总是坐在凳子的最边沿，脖子伸得老长去听老板说的话，实际上根本就听不清楚。他是看着老板的嘴唇，读着"唇语"，然后一句一句记录下来的。老板想这个小伙子呀，还没签合同呢，态度就这么好，我一定要跟他做成功，结果把大单给了他。销售员很高兴，自己的老板也很高兴，就给了他一大笔奖金，另外送了一件特殊的礼品——助听器。有了这个助听器之后，他再去见客户的时候就靠在椅子上，有时还架着二郎腿。左边有点声音，就赶紧拧过头去看看，哟，那个小姑娘长得挺漂亮的；右边有点声音，又看一下，哟，发生了什么事情？老板看了非常生气，说："你能不能把你的助听器拔了听我说话。"可见，听是多么重要。

十一、70% 的客户投诉是对企业的关怀

我们知道，70% 的客户投诉是表示对企业的关心，是在暗示企业，给企业提建议，是客户对企业不满的表现，但是恰恰可以给企业带来更多的销售机会。比如前面我们讲过由 IBM 的客户不满催生的"银湖计划"，就给 IBM 创造了更多的销售机会，为产品的研发也提供了更多的客户需求信息。

≫ 投诉带来新机会

某电信运营商的一位新客户经理去拜访一位老客户，结果一见面，客户就把这位经理"训"了一顿，讲："我再也不会和你们公司打交道了，你们的服务实在太差了，只知道卖产品，承诺的服务一条也没有兑现！"这位客户经理只是从头至尾微笑着静静地听着，一句话也没有反驳。结果等客户"训斥"完了，客户自己都觉得不好意思了，马上口气缓和下来，讲："你们原来的客户经理服务太差了。"从此以后，这位客户经理就经常拜访这位客户，收集一些反馈信息，客户非常感动，后来他们成了非常要好的朋友。这样，每当客户公司出去旅游，也会叫上这个"编外"的客户经理；每到过节发礼品，这个"编外"的客户经理也会有一份。有一天，这家客户公司要换到另一座新的办公大楼，这位客户就将这座新大楼里的其他客户的联系方式给了这位客户经理，结果他顺利地拿下了整栋大楼的固定电话和数据业务的项目。

（一）投诉的类型

据统计，大部分的客户投诉不是和公司唱对台戏，而是希望公司做得更好。我们这里将客户投诉分为五大类，分别是质量监督型、理智型、谈判型、受害型和忠诚爱戴型。

1. 质量监督型

这种类型的客户投诉，一般情况下，以反映问题为主，比如，什么方面做错了，或者对什么方面不满。对于这类投诉，务必将其反映的问题详细记录下来，然后和客户共同商量如何解决或改进。在改进的过程中，时刻听取他们的意见，在产品的质量、服务的流程等方面做出改变。据统计这类客户占到投诉客户的 20%。

2. 理智型

这类客户发现了产品或者服务方面的问题，总是找到公司的相关人员，希望他们的问题得到解决。对于这类的客户要有耐心，仔细听取他们的建议和意见，找到问题的原因要及时给他们答复；特别是在处理问题的过程中，要经常给客户进行"汇报"问题处理到什么地步，下一步还需解决哪些困难等。据统计，这类客户占到投诉客户的 20%。

3. 谈判型

这类客户知道产品或者服务有问题，不但指出问题所在，而且一定要求赔偿，要通过谈判来解决赔偿的金额，这是一类最难处理的客户投诉。对于这类客户投诉，一定要沉着，仔细研究客户的要求，尽量以理服人，也可以通过法律的手段进行解决。据统计，这类客户占到投诉客户的 30%。

4. 受害型

还有一部分客户是受害型客户，在购买东西之前，销售人员将客户暂时看成"上帝"，连蒙带骗将客户变成了自己真正的客户，等客户拿到产品以后，发现并不是销售人员讲的那样，中间存在巨大的差距，客户感觉上当受骗了，因此进行投诉。这时客户不一定真是要退还产品，其实主要是"要一个说法"。对这类客户要同情，站在他们的角度对其进行关怀，必要时可以给客户一些"小恩小惠"让客户满意，比如一些小礼品之类的东西。据统计，这类客户占到投诉客户的 20%。

5. 忠实拥戴型

这一部分客户对服务非常满意，总希望传播他们的满意给更多的客户，他们非常乐意加入拥戴者俱乐部，将自己的满足分享给大家。这类客户是非常好的客户，他们是我们好的口碑效应客户群，是我们的灯塔，也是新客户参考的对象。据统计，这类客户占投诉客户的 10%。

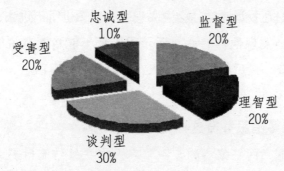

（二）处理投诉的方法

1. "回踢皮球"法

当你暂时无法回答客户的问题或者异议时，可以反问对方，让对方给出更进一步的建议。例如可以问客户"你的意见如何?""你认为如何处理会更好点。"

2. "调虎离山"法

一些场合是不适宜处理异议和投诉的，比如在餐馆吃饭时客户的不满、在商场里客户的投诉、在房地产物业客户的不满售楼处等等。这时可以用很多办法将客户调离开现场进行处理，这种方法叫做"调虎离山"法。

3. "偷换概念"法

在处理非常棘手的客户投诉时，可以考虑采用偷换概念的办法，即将客户的问题转换成其他容易解决的问题，而且还不让客户觉察到。

4. "变守为攻"法

有些客户在投诉时往往会失去理智，什么也听不进去，此时可以让他多讲，当发现他讲的话前后矛盾或者不能自圆其说时，抓住不放，反守为攻，最后的结局是客人还得给你赔礼道歉。

>> **精明的餐馆服务员这样处理客户不满**

在北京的一家餐馆，一位客人吃完饭结账时要求使用信用卡，服务员对客人讲："很抱歉，今天刷卡的 POS 机坏了，不能刷卡。"可是，客人坚持一定要刷卡，而且讲："你知道我是做什么的吗？我就是银行专管 POS 机的，为什么机器坏了不上报？"该服务人员非常有经验，是一个经过严格训练的服务人员，她知道下一步客人该要什么了，所以马上讲："先生，抱歉，我必须上报给我们的经理。"没等话说完，服务员就回去找她们的经理了，因为即使服务人员不主动去找老板，客人也会提出这样的要求。很快，服务员回来了，说："抱歉，我们经理正忙着处理一件非常紧急的事，他希望我带您进去一趟。"于是，客人被顺利地请到了经理室（调虎离山），结果到了经理室发现，经理根本不在。其实这样做一方面是为了避免不必要的争吵造成坏的影响，另一方面是换了一个环境，客户的情绪很可能会逐渐稳定下来。这时服务员告诉客人："抱歉，我们最近正在搞抽奖活动，百分百中奖，由于今天没有满足您的需求，您可以抽两次。"（偷换概念）此时，服务人员并没有继续在刷不了卡或经理不在的问题上纠缠，而且客户的怒火已经被平息了。这里，我们也可以看出"小恩小惠买人心"是很管用的。

>> **变投诉为表扬**

当客户不满意时，容易冲动，容易发火，如何处理好客户的投诉，如何变客户的投诉为赞扬，这听起来是一件很困难的事情，但是2007年3月15日，国际航空公司CA1316航班的乘务长徐荔女士就做到了！我们来看看她是如何处理的。

我经常乘坐国航的航班，由于有时候工作繁忙，不得不在飞机上用电脑工作，所以乘机时常常要选靠安全门的位置，因为那里的空间较大，方便使用电脑。有一次，因为不得不赶时间完成当天讲座急需的讲义，我买机票时又选了靠安全门的位置，为了避免出错，我跟地勤工作人员确认了多次。结果登机后发现还是错了，于是我马上向工作人员反映，结果工作人员爱理不理，更别说道歉了。像这样的服务，在一个做客户服务的培训师眼中，就是缺少服务意识导致的。我很气愤，正打算投诉他们时，一位空姐走过来，非常热情地问我有什么可以帮忙的，于是我如实地告诉她事情的经过和工作人员的态度问题。空姐马上向乘务长徐荔女士反映了情况，后来，乘务长将我的座位换到了商务舱。其实出错的是地勤，并不是空中的服务人员，但是乘务长抓住了客人的心理，使得客人的要求得到了满足，结果将投诉变成了赞扬。

这则案例说明，只要为客户着想，抓住客户的心理，满足客户的需求，结果往往会变弊为利，变投诉为赞扬。

参考文献

【1】罗伊·A·鲍尔，埃米里奥·考拉，维克多·唐著，陈红斌等译，《银狐计划—IBM 的转型与创新》，华夏出版社，1999 年 9 月

【2】鲁百年，《全面企业绩效管理 CPM》，北京大学出版社，2006 年 1 月

【3】鲁百年，《大客户战略营销》，北京大学出版社，2006 年 7 月

【4】菲利普·麦克斯·凯著，沈阿强，郑丽译，《电信产品与服务销售法则》，人民邮电出版社，2005 年 7 月

【5】鲁百年，《获得大订单的三部曲》，东方电子音像出版社，2006 年 7 月

【6】Stuard Read 著，常笑译，《Oracle 优势策略》，电子工业出版社，2001 年

【7】Tom Peters，《Thriving on Chaos：A Passion for Excellence》，Alfred a Knopf Inc，1987 年

【8】武田哲男著，李伟译，《如何提高客户满意度》，东方出版社，2004 年 5 月

【9】罗伯特·韦兰，保罗·科尔著，贺新立译，《走进客户的心—企业成长的新策略》，经济日报出版社，1997 年

【10】田同生，《中国 CRM 实践》，机械工业出版社，2002 年

【11】Robert L. Jolles 著，派力译，《以客户为中心的销售》，企

业管理出版社，1999 年

【12】罗纳德·史威福特著，杨东龙译，《客户关系管理——加速利润和优势提升》，中国经济出版社，2002 年

【13】唐璎璋，孙黎，《一对一营销——客户关系管理的核心战略》，中国经济出版社，2002 年

【14】陈巍，《卓越的客户服务与管理》，北京大学出版社，2005 年

【15】钟永森，《服务——打造一个卓越的服务型企业》，蓝天出版社，2005 年 11 月

后　记

为什么要写《客户也疯狂——培育"粉丝"客户的服务与营销技巧》这本书呢？这要追溯到 2001 年无意中踏上培训道路开始。

2001 年，当时我还在创智科技股份有限公司客户关系管理（CRM）事业部做副总裁，很多房地产公司，诸如万科地产、中海地产等就邀请我做有关"客户关系管理"的演讲和培训。

2002 年 3 月，在北京大学举行的中国第二届学院派房地产论坛上，我做了题为《CRM 系统打造房地产企业新的赢利模式》的主题发言，会后《中国房地产报》全文刊登了该演讲，北京电视台也进行了专题采访，在业界获得了一致好评。之后，受川古咨询公司的邀请，在清华大学房地产总裁班主讲了很多次《客户关系管理》课程。

2003 年 9 月，受华点通咨询公司邀请，通过卫星远程教育的方式，主讲了名为《高质量客户服务体系的建立》的课程，这是《客户关系管理》课程的第一次演变。自此，在我讲授的所有课程中，客户服务的理念、思想、方法和实现成了主旋律。《客户关系管理》课程开始在越来越多的行业、企业、学院流行，并且成为笔者的经典课程之一。

2005 年 10 月，受时代光华之邀，再次将《客户关系管理》课程搬上了远程教育的屏幕。虽然当时主讲《客户关系管理》课程的培训师非常多，但是我所讲的和他们所讲的迥然不同，笔者更多的是站在营销的角度，将营销理论、营销实践紧密地结合起来，联系自己多年的销售实战经验和教训，讲如何以客户为中心，站在客户的角度考虑问题，让客户满意，并且提出了销售、市场、服务一体化的营销模式。随后，该课程越来越受到各种不同行业、不同客户群的大力支持：在电力行业，课程名称是《电力营销服务与需求管理》；在房地产业，课程名称是《房地产的新盈利模式——客户关系管理》；在银行业，课程有《商业银行以客户为中心的大客户业务开拓》、《理财经理以客户为中心的营销实战技巧》；在很多服务行业，课程是《客户服务与客户关系管理》；在电信行业，课程有《商务客户经理营销服务实战技巧提升》、《决策者的市场营销管理》等。虽然每一套讲义课件的名称不同，但是精髓是不变的。经过前后近 6 年 100 多场次的培训，如今该课程已经形成了一套比较完整的理论体系，所以，我一直非常希望有机会将讲义的内容出版成书，与读者共同分享。

什么叫"客户疯狂"？就是指不但要让客户乐意购买我们的产品和服务，更重要的是让客户疯狂地抢着购买产品和服务。如何才能使客户疯狂地来抢购产品和服务呢？在如今市场竞争十分激烈的情况下，这是一个非常值得深思和研究的课题，一般情况下，有两种方法：第一种是通过市场策划，运用各种各样的促销手段，让客户疯狂地抢购产品，比如在"非典"时期消毒洗涤用品脱销的现象就是一个典型的例子；第二种是通过服务型营销，将客户服务贯穿到营销的始终，树立客户是朋友的理念，让客户真正满意，自愿成为我们的"义务销售人员"，给我们带来更多的客户。本书的前六章着重阐明让客户疯狂的客户服务理论，最后两章则是通过生活中的一个个小故事和客户服务案例，阐述让客户疯狂的服务和营销的实战技巧。

平庸的产品和伟大的产品的区别很大程度上就在于有没有疯狂的"粉丝"客户。而打造"粉丝"客户的秘诀恰恰在于置身于他们之中，了解他们的感受，了解他们的喜好，并且成为他们的一部分，设计出真正令客户满意的产品，提供真正令客户满意的服务。有谁会拒绝自己的朋友呢？但我们却讨厌推销员，讨厌欺骗我们的广告商。

最后，衷心感谢本书的策划编辑王娟和责任编辑王芹，她们为本书做了大量的工作。在此，我还要特别感谢我的太太万桂华女士和儿子鲁万弋对我做培训工作的理解和支持，由于培训只是自己在工作之余的爱好，多半是利用节假日的时间去做，因此很少有时间陪他们母子。另外，我也要感谢我的老板、同事对我的工作的理解和支持。

鲁百年

2007 年 5 月于北京